교육의 힘

무엇을 어떻게 배워야 하는지
모르는 10대를 위한

교육의 힘

초판 1쇄 인쇄 _ 2019년 5월 20일
초판 1쇄 발행 _ 2019년 5월 25일

지은이 _ 전준우

펴낸곳 _ 바이북스
펴낸이 _ 윤옥초
책임 편집 _ 김태윤
책임 디자인 _ 이민영

ISBN _ 979-11-5877-100-3 03370

등록 _ 2005. 7. 12 | 제 313-2005-000148호

서울시 영등포구 선유로49길 23 아이에스비즈타워2차 1005호
편집 02)333-0812 | 마케팅 02)333-9918 | 팩스 02)333-9960
이메일 postmaster@bybooks.co.kr
홈페이지 www.bybooks.co.kr

책값은 뒤표지에 있습니다.
책으로 아름다운 세상을 만듭니다. — 바이북스

무엇을 어떻게 배워야 하는지
모르는 10대를 위한

교육의 힘

전준우

바이북스
ByBooks

NON SCHOLAE, SED VITAE DISCIMUS.
우리는 학교를 위해서가 아니라, 인생을 위해서 공부한다.

루키우스 세네카

부모가 된다는 것은 숭고한 일이다. 사랑하는 사람을 만나서 결혼을 하고, 생명을 잉태하는 일은 살면서 겪을 수 있는 가장 아름다운 일 중에 하나다. 이 책은 10대 학생들과 자녀를 키우는 부모님들을 위해 쓰인 책이다.

종종 자녀교육에 관해 상담을 요청하시는 분들이 있다. 담배를 태우는 딸을 어떻게 해야 하는지, 학교를 가기 싫어하는 아들을 어떻게 해야 하며, 책을 읽으라고 해도 읽지 않는 아이들을 어떻게 교육해야 하는지에 대해서 다양하게 여쭤보시는 분들이 많다. 모든 부분에 내가 답을 알고 있을 리 만무하고 모든 질문에 답할 수 있을 만큼 치열한 인생을 살았다고 자부할 수도 없다. 그나마 교육업계에 발을 담그고 있으니 뭐라도 도움이 되지 않겠나 하는 마음으로 듣고 의견을 나누었을 뿐이다.

이 책은 대단한 내용을 담고 있지 않다. 나의 경험담과 실패의 이야기도 담겨 있다. 그리고 아이들을 대하면서 느꼈던 소소한 행복들, 즐거움들도 기록되어 있다. 그저 작은 도움이 되었으면 하고 바랄 뿐이다.

chapter 1

공부라는
이름에
대하여

나의 학창시절

"적성에 잘 맞죠?"

처음 교육일을 시작했을 때 주변의 반응은 한결같았다.

교사라는 직업은 내게 참 잘 맞는 직업이다. 조잘조잘 아이들과 이야기하는 것 좋아하고, '저 사람은 가르치는 재미보다 아이들 입에 간식 넣어주는 재미로 교사일을 한다.'고 주변에서 이야기할 만큼 아이들을 좋아하기도 한다. 하지만 하나의 인격체가 위대한 인간으로 성장해가는 과정을 지켜보는 것만큼 아름답고 고귀한 것은 없다는 생각이 더 크게 남아있다.

보수적인 부모님 슬하에서 자라났기 때문에 예의를 가장 중요시하는 가정에서 자라났지만 학창시절 공부를 잘하는 사람은 아니었다. 공무원인 아버지와 미용사인 어머니 사이에서 둘째로 태어난 나는, 풍족하지는 않아도 단 한 번도 어렵게 살아본 적이 없다. 공부에는 흥미가 없었다. 중학교 1학년 1학기 모의고사에서 45명 중에 39등을 했는데 선생님이 '그래도 40등은 면했네. 뒤에 한 명 덕분에 40등이 안 되어서 다행이다.' 하고 이야기하신 게 지금도 기억에 남는다.

맞벌이를 하시는 부모님 덕분에 어렵게 살지는 않았지만 늘 외로웠기 때문에 공부에 쉽게 재미를 붙이지 못했고 산만한 편이었다. 안동이라는 작은 도시에서 자라났기 때문에 문화나 사회경제에 대한 정보도 빈약했고 흥미도 없었다. 평생 남에게 피해주지 않고 살아오신 부모님이셨지만, 나는 부모님이 무서웠다.

아버지가 퇴근하시는 시간만 되면 30점 맞은 수학 쪽지시험 성적표를 어떻게 감춰야 될지 걱정이 돼서 심장이 쿵쿵 뛰었다. 초등학생 시절 내내 '오늘은 아버지한테 꿀밤 안 맞았으면 좋겠다, 오늘은 조용히 넘어갔으면 좋겠다.' 하는 막연한 긴장 속에서만 살았다. 어렸기 때문에 그런 생활이 당연하다고 생각했고, 그런 스트레스를 해결하는 방법도 몰랐다. 공부를 왜 해야 하는지, 공부를 어떻게 하는 건지, 좋은 대학은 왜 가야 하며, 그래서 내게 이득 되는 게 뭔지 고민은 했지만 그저 막연했다.

중학생 때는 학교를 마치고 컴퓨터 게임 한 시간 정도 하다가 저녁 무렵 학원에 가서 늘어지게 낮잠을 자곤 했다. 쉬는 시간이면 동전을 짤랑거리며 리어카에서 꼬치를 파는 이모님들에게 가서 붕어빵이나 오뎅을 사먹고, 11시에 학원이 마치면 집으로 돌아오는 일상이었다. 공부는 나와 맞지 않다고 생각했다. 친구들이랑 장난치고 떠들고 노는 것이 재미있어서 새로운 친구 사귄다는 마음으로 학원에 다녔다. 교육일을 하면서 자주 느끼는 것이지만 가정에 불화나 문제가 있는 아이들, 민감한 성향을 가진 부모님들 슬하에서 자란 아이들, 맞벌이 가정에서 자라난 아이들일수록 집중력이 크게 떨어지고 산만하다는 것을 알 수 있었다. 내가 그런 경험을 했었기 때문에 마음에 여유가 없어서 그렇지 않을까 생각했다.

학교에서 선생님들과 좋은 고등학교에 다니는 친구들은 독서실 다니면서 열심히 공부하라고 했고, 좋은 대학에 들어가면 성공한 인생을 살 수 있다고 이야기했다. 중학교에 다닐 때 3년 동안 다녔던 학원 선생님은 중학교 3년과 고등학교 3년을 치열하게 공부하고 준비하지 않으면, 남은 인생은 지옥과 같을 것이라고 이야기했다.

턱걸이로 인문계 고등학교에 진학했다. 공부와는 거리가 먼 친구들만 들어간다는 고등학교였다. 공부를 제법 잘하는 학생들이 내신 성적을 잘 받기 위해서 입학하기도 했었지만 일부는 탈선하거나 분위기에 휩쓸려버렸다. 나도 마찬가지였다. 공부에는 흥미가 없고 노는 데만 정신이 팔려 있었기에 하루하루 의미 없이 살았다. 국어와 영어는 좋아했지만 그 외에는 딴 세상이었다. 특히 수학은 전교에서 거의 꼴찌였다.

생각의 변화가 찾아온 것은 고등학교 1학년 가을 무렵이었다.

친구를 따라 관악부 동아리에 놀러 갔다가 반강제로 관악부 활동을 하게 된 나는 선생님의 인도로 드럼을 배웠다. 재능이 있어서 3개월 만에 3학년 선배만큼의 실력을 갖출 정도로 급성장했고 선생님도 놀라워하셨다. 레슨선생님은 지금부터 배우면 서울대학교에도 진학할 수 있을 것이라며 나를 독려했고 '내가 갈 길이 이 길이구나.' 하고 생각했다.

선생님들의 기대와는 달리 부모님은 반대하셨다.

"악기 배워서 딴따라 할 일 있나? 취업도 못하는 음악을 배워서 어디 써먹겠다는 거냐? 절대 안 된다. 공부를 해서 대학을 가야지, 어릴 때부터 배운 것도 아닌 음악을 이제 와서 배우는 게 말이 되니? 대학만 가면 뭘 하든지 배울 수 있는데 지금 그렇게 악기를 배우는 게 이해가 안 된다."

성인이 되어 결혼을 하게 될 무렵, 우연히 학창시절의 이야기를 하게 되었다. 부모님은 그때 일을 전혀 기억하지 못했다.

"아들 고등학교 다닐 때 드럼 열심히 배우더니 왜 안 배웠어? 그때 열심히 배워뒀으면 지금쯤 유명한 음악가가 되었을지도 모르는데."

"엄마가 딴따라 된다고 하지 말라며?"

"엄마가 그랬나? 기억이 안 나네."

안동에서 평생을 살아오신 분들이었다. 넓은 세상을 볼 만한 식견이 부족했다. 국내에서 1, 2위를 다투는 수준급 튜바이스트로 수많은 제자들을 내로라하는 음대로 진학시킨 관악부 은사님은 내게 많은 기대를 가지고 계셨다. 일찌감치 재능을 알아본 음악선생님에 의해 서울의 명문대학교에 당당히 입학했을지도 모를 일이었다. 하지만 부모님은 반대했고 나는 그분들의 마음을 헤아리거나 설득할 만한 재주가 없었다. 나이가 들어서 부모님의 좁은 식견으로 내 삶의 방향이 틀어진 부분에 대해 적잖이 실망했고 속이 상했다. 하지만 그 경험으로 나는 태어나 처음으로 인생에 대해서 진지하게 고민하게 되었다.

'고등학교를 졸업하고 이렇다 할 대학교에도 못가고 변변찮은 인생을 살겠지. 시답잖은 수능성적표를 들고 뒤통수를 긁적이면서 이름도 없는 전문대학교에 입학해서, 그래도 대단한 사람인 것처럼 으스대면서 하루하루를 보내다가 변변찮은 직업도 가지지 못하고 평생 가난하고 어렵게 살게 될 것이다. 그렇게 되지 않으려면, 이제 어떻게 할 것인가?'

3년 뒤, 5년 뒤를 생각해봤다. 아무리 생각해봐도 답이 나오지 않았다.

'일단 공부를 하자. 하다 보면 길이 생길 것이다. 모든 일에는 시작이 있어야 되지 않겠는가?'

다음날부터 두꺼운 노트와 집안에 돌아다니던 성문기본영어를 들고 맨 앞자리에 앉기 시작했다. 그리고 난생처음 '공부'를 하기 시작했다. 2000년 9월 무렵, 고등학교 1학년 2학기가 시작된 지 얼마 되지 않은 시점이었고 약간은 서늘한 바람이 불던 초가을이었다.

공부의 사전적 의미는 '학문이나 기술을 배우고 익히는 것'이다. 사람이라면 누구나 공부를 해야 하고 나라에서 정한 공교육을 받아야 한다. 성인이 되어서는 자신의 선택에 의해 대학진학과 그 이상의 공부를 할 것인가, 아니면 일찌감치 취업전선에 뛰어들어 사회생활을 할 것인가 하는 점이 나뉘긴 하지만 누구에게나 배움의 과정은 꼭 필요하다. 그렇다면 나에게 공부란 무엇인가? 누가 묻는다면 이렇게 이야기해주고 싶다.

"신뢰할 만한 사람이 되는 것이다."

누가 나를 봤을 때 '저 사람, 믿을 만한 사람이다.'라는 인식을 심도록 나 스스로를 가꾸는 것이다. 저 사람이 '대단하다'고 생각하는 것은 대단한 것이고, 저 사람이 '좋지 않다' 이야기하는 것은 '좋지 않은 것이다.'라는 인식을 심어줄 수 있도록 나 스스로를 다듬어가는 것이 공부의 기본이다. 나는 공부가 그것이라고 생각한다.

사전적 의미와는 차이가 있지만, 내가 생각하는 공부는 그랬다. 학창시절 국어, 영어, 수학을 뛰어나게 잘해서 전교에서 상위권의 성적을 늘 유지하는 것도 공부를 잘하는 것이지만 인생을 살아가는 데 있어서 사회는 한 단계 높은 수준의 능력을 요구한다. 개개인의 지적능력은 시간이 지나면 어느 정도 수평선을 유지하거나 쇠퇴한다. 하지만 경청, 겸손, 배려, 도전정신, 리더십과 같은 인성적인 부분은 개인의 학문적인 능력과는 별개로 지극히 정신적인 측면이다. 어떤 면에서 학업적인 능력보다 더 중요한 것들이다. 그런 부분을 세밀하게 다듬을 수 있는 시작점이 바로 '앞으로 어떻게 할 것인가를 스스로 깨닫는 때'라고 생각했다. 그리고 공부는, 그런 깨달음을 통해 신뢰할만한 사람이 되기 위해 노력하는 과정 속에서 내가 재미있어 하는 것을 반복해서 하는 '행위의 연속'이라고 생각했다.

다음날부터 영어단어를 매일 50개씩 외우기 시작했다. 그리고 모든 수업시간에 맨 앞자리 맨 가운데 앉았다. 왜 공부를 해야 하는지 모르고 어떻게 해야 하는지도 몰랐다. 그저 뭐라도 해야 한다는 막연한 의무감, 무슨 결과물이라도 만들어야겠다고 생각했다. 썩 좋은 공부 방법은 아니었지만 할 수 있는 최선의 방법이었다.

수학시간에도 맨 앞자리에 앉았다. 늘 중간쯤 앉아서 쥐포 같은 걸 뜯어먹고 휴대폰만 만지작대던 놈이 맨 앞자리에 앉아서 빤히 쳐다보며 미친 듯이 필기하면서 집중하고 있으니 사각형 머리스타일의 수학선생님도 내 눈만 쳐다보고 수업을 하셨다. 40명 남짓의 학생들이 모두 고개를 숙이고 사경을 헤매는 동안, 나는 한마디도 알아들을 수 없는 수학시간에 한순간도 졸지 않고 집중했다.

지금도 생각나는 고등학교 1학년 2학기 수학시간. 지금 생각하면 지극히 쉬운 제곱근에 관한 문제였는데 공부를 해본 경험이 없었기 때문에 한 문제가 풀리지 않아 끙끙대고 있었다. 보다 못한 선생님은 수업하기를 중단하고 맨 앞에서 열심히 문제를 풀고 있는 나에게 다가와서 자세하게 알려주셨고, 나는 1주일 정도 끙끙 앓고 난 뒤에 제곱근에 관한 문제는 완벽하게 이해하고 풀이할 수 있었다.

지금이 좋다. 단 한 번도 10대로 돌아가고 싶다고 생각해본 적이 없었다. 나의 10대는 돌아가고 싶지 않은 순간들의 연속이다. 딴따라가 될 것이냐 말 것이냐 하는 부모님과의 충돌 속에서 뭔가 발견은 하긴 했는데 일단은 거기서 끝이었다.

공부근육이란 게 전혀 없어서 아는 것도 부족했고, 뛰어난 능력도 없었고, 공부랑 담쌓은 아이들이 가는 고등학교의 학생에 불과했었기에 나보다 나은 사람들과의 교류를 통해서 더 큰 성장을 하고 싶은 마음이 있어도 어떻게 갈피를 잡아야 할지 몰랐다. 고등학교에서는 그런 것을 잡아주지 못했고 선생님들조차도 학생들의 미래에 별다른 관심이 없었다. 그저 직업으로만 생각하는가 보다, 선생님들을 볼 때마다 그런 생각이 들었다.

내가 고등학생이던 당시만 해도 선생님들은 학생들을 자주 때렸고, 그게 당연하다고 생각했다. 지금도 공교육의 시스템과 공교육에 종사하는 교사들을 별로 신뢰하지는 않는다. 그들의 인생과 교육에 대한 나름의 철학은 존중하지만 그 이상의 감흥은 없다. 그때도 마찬가지였다.

전쟁 같은 한 학기를 보내고 받아본 성적표에 별다른 변화는 없었다. 이렇다 할 결과도 없었고 모든 것은 그대로였다. 마음만 조금 바뀌었을 뿐이었다. 다만 내 인생은 내가 만들어가는 것이라고 마음이 바뀌자 이전에 없던 꿈이 생겼고, 공부를 해보고 싶은 마음이 생겼다. 대학에 가고 싶어졌다. 대학생처럼 옷을 입고 가방을 메고 미팅도 가고 열심히 공부를 해보고 싶은 마음이 생겼다. '대학을 가자! 일단 대학에 가고 나면 뭐라도 이루어질 것이다!' 다짐을 했다.

고등학교 2학년 중반쯤 되어서 독서실에 등록했다. 그곳에는 인근의 상위권 고등학교에서 전교 1, 2위를 다투는 서로 다른 계열의 친구 2명이 공부를 하고 있었고, 같은 고등학교에서 우수한 성적으로 공부를 하는 친구들이 몇 명 다니고 있었다. 초등학교 중학교 동창생들이라서 별다른 어색함 없이 친해졌고 그들에게서 많은 것을 배웠다. 나보다 월등히 우수한 친구들이었으므로 배울 점이 참 많았다. 우리는 고등학교 2학년 때부터 졸업할 때까지 함께 열심히 노력했고, 대부분 좋은 대학교에 입학했다.

대학생활과 나의 꿈

고등학교 3학년 초, 알고 지내던 누나 중에 단국대 무용과에 다니는 사람이 있었다. 무용을 전공한 누나는 내가 코도 오뚝하고 말재주도 있다면서 연기를 배워보라고 이야기했다.

"너 공부에 흥미 없다며? 그럼 연기를 한번 배워 봐. 말재주도 있고 연기하면 잘할 것 같은데. 한번 도전해 봐. 나도 공부에는 흥미 없었는데 무용이 재미있었어. 무용이 좋아서 무용을 공부한 거야. 너도 연영과 같은 데 도전해 봐."

"어떻게 준비해야 돼요?"

"학원에 가면 입시반이 따로 있을 거야. 처음이라 힘들긴 할 거야. 그래도 아무런 꿈 없이 사는 것보다 너한테 맞겠다 싶은 공부를 해보는 게 좋지 않을까?"

안동에는 이렇다 할 연기학원이 없었고, 처음 들어보는 연영과에 대한 이야기는 생뚱맞게 들렸다. 고등학생이던 나에게 아무도 '연기에 끼가 있다'든지, '말을 조리 있게 잘한다'고 이야기해주는 사람이 없었고, 어딜 봐도 내가 연기자가 될 만한 사람은 아니라고 생각했기 때문에 별다른 감흥 없이 한 귀로 흘려들었다. 그리고 10년이 채 지나기 전에 나는 다양한 활동을 통해 뮤지컬도 배우게 되었고 연극도 배우게 되었는데 그에 대한 내용은 뒷장에서 자세하게 설명하려고 한다.

고등학교를 졸업하고 대학에 입학했다. 교사나 작가, 시인이 되고 싶다는 생각은 했지만 꿈이라고 하기엔 막연했다. 대학에 입학하면 뭐라도 되지 않을까, 하는 막연한 목표를 가지고 있었기 때문에 들어본 적도 없고 흥미조차도 없는 통계학과에 입학했고, 졸업학점은 4.5만점에 2.9였다. 너무 앞만 보고 달려왔기 때문에 어떤 걸 좋아하는지, 어떤 걸 잘하는지도 모르고 그냥 공부만 했기 때문에 정확한 목표가 없이 날려버린 시간이 돌아보면 아쉽기만 하다.

어쨌거나 고등학교의 강압적인 분위기와는 달리 대학은 자유롭고 즐거웠다. 취업 잘 된다고 해서 들어간 학과생활은 나와 맞지 않았고 재미가 없었지만, 학과생활 외에 재미있는 기회가 많았던 것은 사실이다. 대학에 입학하고 나서 많은 활동들을 했다. 1학년 때부터 인라인스케이트 동아리와 야간학교에서 국어를 가르치는 야간학교 동아리 활동을 병행했고, 학과에서는 총무와 학과대표를 했다. 대학이 줄 수 있는 자유로움과 다양한 선택의 폭이 존재하고 있다는 것은 정말 큰 경험이었다. 무엇보다 내가 하고 싶은 일과 시간을 통제할 수 있는 기회가 널려 있었다.

지금도 기억에 남는 경험이 있다. 인라인스케이트 동아리방에서 선배 두 명과 함께 자리에 앉아 있었는데, 집에 가야 할 시간이었다. 넉살 좋은 인상과 푸근한 마음씨로 후배들에게 존경받는 두 분의 선배였지만 막상 인사만 드리고 가려니 눈치가 보여서 작은 목소리로 물어봤다.

"저기 형, 저 지금 집에 가도 됩니까?"

담소를 나누던 두 선배가 나를 물끄러미 쳐다봤다.

"그게 무슨 소리야?"

"집에 갈 시간이라서 그런데, 혹시 가면 안 됩니까?"

"네가 집에 가고 싶으면 가는 거지, 그걸 우리한테 허락받고 가니?"

"감사합니다. 그럼 내일 뵙겠습니다."

두 명의 선배는 잠시 서로를 마주보다가 다시 나를 쳐다보고 너털웃음을 지었다. 뒤돌아 나오면서 문을 닫는데, '짜식, 싱거운 녀석이네.' 하는 소리가 들렸다. 15년 전의 이야기지만 그 순간의 감동은 지금도 잊을 수 없다.

고등학교 재학 당시, 나는 관악부 활동을 했다. 선생님의 영향력이 었는지는 모르겠지만 내가 다니던 고등학교의 관악부는 경북에서 알 아주는 실력을 자랑했다. 인근 고등학교의 관악부 학생들의 실력은 우리 학교의 선배들과 비교조차 되지 않았다. 선배들의 실력은 뛰어났고 어지간한 레슨에서는 어김없이 수상소식이 들려왔다.

그런데 트럼펫이나 색소폰, 튜바 같은 악기를 들고 연주하는 선배들은 겉으로 보기에는 화려해보였지만 사실은 존재 자체만으로도 두려운 존재였다. 함부로 눈을 쳐다볼 수 없었고, 선배들에게 자주 구타를 당했다.

고등학교 생활은 너무 힘들었다. 학교를 마치고 친구들이 학교 앞 분식집에서 300원짜리 피카츄 돈가스에 케첩을 잔뜩 발라서 한 손에 들고, 한 손에는 기가 막히게 맛있는 떡볶이와 튀김을 종이컵에 담아서 피시방으로 향하는 모습이 정말 부러웠다. 친구들이 수업을 마치고 떡볶이와 돈가스를 한 손에 들고 시내 피시방으로 향할 때, 나는 수업이 마치자마자 음악실로 달려가서 가지런히 의자를 깔아놓고, 선배들의 악기를 세팅하고, 선생님의 보면대와 물을 갖다놓은 뒤 하나씩 들어오는 선배들을 향해 90도로 인사를 해야 했기 때문이었다.

선생님이 없을 때 선배들은 선생님 의자에 앉아서 담배를 태운 뒤 손가락으로 담배꽁초를 퉁겼는데, 후배들은 땅에 떨어진 선배의 담배꽁초를 재빨리 주워서 쓰레기통으로 버리는 일을 담당했다. 빨리 줍지 않으면 선배들의 잔소리와 욕설이 날아왔다.

"우리는 땅에 떨어지기 전에 주웠는데 너네는 땅에 떨어지면 줍네."

1년 선배에게 자주 듣는 이야기였다.

3학년이 될 때까지 나는 학교 음악실에 선배들이 있으면 항상 크게 경례를 해야 했다. 수십 년 간 이어져 내려온 관악부의 전통으로 특이한 경례법이 있었다. 경례소리가 작다거나 실수를 하는 날에는 어김없이 피멍이 들도록 매질을 당했다. 선배들의 허락 없이는 귀가가 불가능했고, 어떤 날에는 밤 10시에 귀가한 적도 있었다. 연습이 문제가 아니었다. 선배들은 자주 후배들을 구타했고 심지어 한자리에 세워놓고 수십 대의 뺨을 때리기도 했다. 선배들에게는 '~했어요? ~에요?'라는 말도 쓸 수 없었고 군대처럼 '~입니다. ~입니까? ~했습니다.' 등의 말을 썼다. 악기를 제대로 다루지 못해도 구타를 당했고, 실수로 악기 중의 작은 부품이라도 하나 떨어뜨려서 귀에 거슬리는 소리가 나기라도 하면 몇 자루의 몽둥이가 부러지도록 매를 맞았다. 개인의 자유의사에 의해 동아리에서 탈퇴한다는 것은 있을 수 없는 일이었다. 선배들은 "줄빠따 100대 맞고 동아리 나가든지, 아니면 졸업할 때까지 함께 해야 한다."고 이야기했다. 우리는 고등학생이었기 때문에 경찰에 신고를 하거나 누구에게 솔직하게 도움을 구하는 것이 어떤 의미인지 알지 못했다. 부모님께 자세하게 말씀을 드린다거나 선생님들께 말씀드려서 자세한 상황을 말씀드렸더라면 상황은 그렇게 흘러가지 않았을지도 모른다. 지금은 어느 누구도 내 뺨을 때리거나 몽둥이로 매질을 하지 않지만, 그때의 훈련 때문에 지금도 나는 상대방과 이야기를 할 때 습관적으로 '군대 말투'를 사용한다.

내가 집에 가고 싶을 때 마음대로 집에 갈 수 있고, 내가 하기 싫을 때 언제든지 그만둘 수 있는 대학에서의 동아리 활동과 학과생활은 내게 성인으로서의 책임감을 요구하는 반면 굉장한 자유를 만끽할 수 있도록 도와주었다. 학년이 올라갈수록 신경 써야 하는 부분들이 많았기에 따분하고 지루한 적도 많이 있었지만, 고등학교 때와 비교해보면 정말 행복한 학교생활이었고 재미있는 시간을 보냈다. 동아리활동과 아르바이트, 피보다 진한 친구들과의 즐거웠던 시간들을 통해 나는 잊을 수 없는 대학생활을 만들어갈 수 있었다.

그중에서도 내게 공부와 더불어 인생의 소중한 것들을 발견케 해준 것은 아프리카로 떠난 해외봉사활동이었고, 그 이후에 삶의 여러 부분에서 성장과 발전을 할 수 있었다.

대학생활은 재미있었지만 철이 든 것은 아니었다. 상대의 기분을 생각하지 않고 함부로 말을 했고, 머리를 이상하게 세우고 다니면서 이상한 옷을 입고 길거리에 아무렇게나 침을 뱉었다. 서랍 깊숙한 곳과 서재 구석에 켜켜이 모아두었던 20대 초반의 나의 일기장들과 사진들을 보면, 정말 이렇게 철이 없었나 싶을 정도로 수준 낮은 끼적거림과 일기, 엉뚱한 사진들을 발견한다. 나는 철도 없고, 생각도 어렸고, 마음도 어렸다. 이렇다 할 내세울 만한 것도 없고 무엇 하나 제대로 할 줄 아는 것도 없는데 그저 남들 듣기에 좋은 이야기들만 끄적거린 메모들이 마치 대단한 이야기라도 된 것처럼 적어두었다. 20대 초반의 나는 그런 사람이었다.

그럼에도 내 마음 한구석에서는 의미 있는 일을 찾고 있었다.

'법조인이라면 눈앞의 이익보다 사회의 정의를 먼저 생각할 수 있어야 한다.'고 이야기한 바우바디 바카이Baoubadi Bakai 토고 국토행정 및 지방분권부 부장관의 이야기처럼 개인의 이득보다 사회의 정의, 공동체의 성장에 목표를 두고 사는 사람과의 대화는 듣는 이로 하여금 굉장한 마음의 성숙을 불러일으킨다. 마음이 만들어진 사람과의 대화는 여러모로 큰 성장을 만들어내는 법이다.

지금의 인생보다 더 나은 무엇인가가 내 인생에 있을 것이라는 생각이 늘 들었다. 군대에 가기 전에는 한 달 정도 인도 여행을 계획했었다. 인도의 구석구석을 행하는 탐험가가 되어 인간을 탐구하는 일을 해보고 싶었다. 한쪽에서는 아이들이 목욕을 하고 한쪽에서는 시체를 떠나보내는 갠지스강을 바라보며 깊은 명상을 해보고 싶은 마음이 있었다. 거기에서 깊은 영적 세계를 여행하는 사람들과 이야기도 해보고 싶고 그들에게 뭔가 배우고 싶은 마음이 있었다. 빠르게 진행되는 입영날짜와 일정의 오류, 입대 일주일 전까지 공장에서 아르바이트를 하게 되는 바람에 인도 여행은 실패했지만 언젠가 의미 있는 일을 찾으리라 다짐했다.

군대를 제대하고 한 달 정도 지나서 아르바이트를 2개 했었다. 주말에는 안동 시내에 있는 레스토랑에서 아르바이트를 했는데 중고등학생들이 와서 연기를 내뿜으며 담배를 피우는 레스토랑이었다.

"요즘 애들은 무서워. 통제가 안 돼. 어떤 애들은 다 먹고 나서 음식값 깎아달라고 하는 애들도 있거든. 네가 남자니까 그런 애들이 그렇게 행동 못하도록 먼저 선수를 쳐주면 좋겠다. 내가 하는 말이 무슨 말인지 알겠지?"

처음 면접 보러 갔을 때 머리를 빡빡 밀고 귀걸이를 한 내 모습을 보고 여자 사장님이 하신 이야기였다. 제대하고 난 뒤 어설프게 자라던 머리를 두고 볼 수 없어서 아예 반삭을 해버렸고, 나름 멋을 좀 부리겠다고 귀걸이도 하고 다녔는데 그런 꼴로 아르바이트를 갔더니 건달인 줄 알았나 보다.

일은 3달 정도 하다가 그만두었다. 갓 고등학교에 입학한 여고생들이 진하게 화장을 하고 담배를 뻑뻑 피우다가 나갈 때 내게 종잇조각 하나를 던지듯 주곤 가버렸다. 거기에는 연락처가 적혀 있었고, 매주 그런 경험을 했다. 처음에는 재밌었지만 나중에는 싫증이 났다. '어린애들 뒤치다꺼리나 하고, 집에서도 안 만들어 먹는 크림소스 스파게티나 만들고 있네. 내가 지금 여기서 뭐하는 건가?' 싶어 짜증스러워졌기 때문이다. 의미 없는 일을 반복하는 것에 대해 넌더리가 났다.

평일에 하던 아르바이트는 학교 근처의 식당이었다. 하루하루가 빠듯하게 흘러갔다. 대학에서는 아침 9시쯤 1교시 강의가 시작되었고, 오후 4시쯤 되면 마지막 강의가 끝났다. 학교를 마치고 나서 잠시 쉬다가 마지막 아르바이트를 가고, 마치면 집으로 가는 버스를 탔다. 가다가 중간에 내려서 헬스장에 도착하면 9시 정도 되었는데 1시간 정도 운동하고 나와서 집으로 가면 11시에서 11시 반이었다. 땀이 많은 체질이라서 물을 한 바가지 끼얹고 책상에 앉으면 12시였는데 전공과목 책 몇 페이지 끼적거리다 보면 눈이 감기기 시작했다. 그날의 복습이나 별다른 공부를 할 시간도 없었는데 그렇게 하루가 지나가버렸다. 대학교에 가면 인생이 달라질 것이라는 생각으로 겨우 들어온 대학교였는데, 하루하루 바쁘고 빠듯하게 사는 데 초점이 맞춰져 있어서 어떤 것도 할 여유가 생각나지 않았다. 아르바이트를 하지 않는 날에는 동아리 활동을 해야 했는데 웃는 얼굴로 모였다가 밤늦게 술집에서 헤어지는 게 일쑤였다.

주말에 오전 11시부터 밤 11시까지 중고등학생들의 담배연기를 맡으면서 아르바이트해서 받는 돈은 4만 원이 채 되지 않았다. 당시 최저시급이 3,500원 정도였는데 한 달 바짝 해봐야 30만 원이었고, 식당 아르바이트는 하루 2시간 일해서 7,000원이었는데 한 달에 15만 원 정도밖에 되지 않았다. 죽어라 아르바이트를 하고 주말 황금 같은 시간을 모두 투자했는데 한 달에 버는 돈이 50만 원도 되지 않았다. 수학교육과나 영어교육과에 다니면서 과외로 한 달에 150만 원에서 200만 원 넘게 번다는 주변 친구들의 이야기가 솔깃하게 들려왔다. 그런 분위기에 휩쓸려 잠시 과외를 해보긴 했는데 돈과는 별개로 재미가 없었다.

그렇게 하루하루 바쁘게 지내던 어느 날, 우연히 아프리카 해외봉사에 대한 내용을 보게 되었다. 식당에 아르바이트를 하러 가던 중에 눈의 띈 대학교 내 현수막에는 아프리카 아이와 환하게 웃고 있는 어느 여대생의 사진이 걸려 있었다. 밝은 미소의 여대생과 순수하고 때묻지 않은 아프리카의 아이들 얼굴과 눈동자, 그런 것 때문에 봉사활동을 하고 싶었던 것은 아니었다. 저런 거 통해서 해외봉사 나가면 좀 싸게 영어도 배우고 경험도 할 수 있지 않을까, 하는 생각이 더 컸다. 그렇게 출발한 아프리카에서, 나는 판잣집에서 살면서 10개국의 언어를 구사할 줄 하는 여고생을 만나게 되었다. 좋지 않은 경제적 여건 속에서 평생을 병상에서 지내며 딸의 도움을 받아야 하는 아픈 엄마와 함께 살던, 지금은 얼굴도, 이름도 기억나지 않는 그 여자아이는 '꿈이 무엇인가?' 하고 묻는 내게 이렇게 이야기했다.

'평범한 엄마가 되는 게 꿈입니다.'

평범한 엄마는 그 학생에게 당연한 게 아니었다. 거기에는 평범하지 않은 엄마가 평범한 엄마보다 더 많았다. 스무 살이 채 되지 않았는데 임신한 여학생들이 많이 있었고, 마리화나 같은 마약도 일상이었다. 한국의 봉고차보다 더 낡아빠진 차들이 거기에서는 일종의 '택시'였는데 엉덩이가 클수록 미인으로 인정하는 아프리카에서, 나보다 두 배는 엉덩이가 큰 여자분들과 함께 택시를 타면 골반이 으스러지는 것 같았다. 그런 사람을 19명까지 태우고 간 적도 있는데, 사람들을 억지로 겨우겨우 밀어 넣고 문을 겨우 닫은 뒤 택시기사는 차를 출발시켰다. 그렇게 사람을 태우고 택시기사는 시속 120km로 달렸는데 앉아 있는 사람들 위에 거의 배를 깔고 눕다시피 탑승한 사람은 코를 골고 잠을 잤다. 내가 살아온 세계와 전혀 다른 세계에 사는 사람들에게는 그런 것들이 당연한 현실이라는 것이 믿기지가 않았다.

꿈이 거창한 게 아닐 수 있다는 것을 그때 알았다. 내게는 당연한 일이 그들에게는 당연한 게 아니었고, 내가 불편해하는 현실이 그들에게는 상상조차 할 수 없는 편안함이나 안락함일 수도 있다는 것을 알았다. 나는 그동안 너무 편하게 살았던 것이다.

그때의 경험을 기준으로 내 인생은 조금씩 달라졌다. 왜 공부해야 하는지에 대한 해답뿐만 아니라 왜 살아야 하는지에 대한 고민이 해결되었고, 인생의 목표에 대해서도 분명히 정리할 수 있었다. 힘들고 어려울 때도 많았지만 인생의 목적이 분명했기 때문에 마음의 목표가 흔들리는 일은 거의 없었다. 인간은 끊임없이 배워야 한다는 것과, 꿈을 소중하게 여겨야 한다는 것을 그때 알 수 있었다.

꿈꾸는 자의 위대함

꿈을 소중하게 여긴다는 것은 끊임없이 배우겠다는 의지를 가진 사람만이 할 수 있는 말이라는 생각이 든다. 사람마다 꿈과 목표는 다르겠지만, 마침내 현실로 이루는 사람이 있는 반면 그렇지 않은 사람은 더 많지 않은가?

경제적인 성공, 사회적인 성공이 꿈인 사람들이 많다. 나쁘다는 건 아니다. 살면서 가장 중요한 부분 중에 하나이기 때문이다.

그러나 공부와 공교육을 통한 결과물이 오직 경제적 성공을 의미하는 것이라면 그만큼 힘들고 어려운 꿈은 없을 것이다. 굶어 죽지 않기 위해서 하는 공부가 재미있을 리가 없는데 어떻게 강한 의지를 가지고 끊임없이 인내하면서 도전할 수 있을까. 하지만 지금은 다양한 분야에서 성공을 일궈내는 사람들이 많이 있다. 정식 고등교육을 배우지 못했고 학벌도 좋지 않은 사람들이 만들어내는 성공이라는 타이틀은, 10대 학생들에게 공부에 대한 압박감보다 더 진취적이고 창의적인 사고를 가진 인간으로 자라나라고 이야기하는 것 같이 느껴진다. 그들은 학창시절에 1등이 아니었음에도 1등보다 더 1등 같은 삶을 살아간다. 그들은 꿈이 있었던 게 아닐까.

그런 의미에서 나는 종종 공부란 무엇인가에 대해 생각해본다. 대부분의 교사들처럼 공교육에 종사하는 사람도 아니고 블로그와 유튜브에 간간히 일과 관련된 정보를 올리며 교육 컨설턴트로 근무하는 내가 스스로에게 던지는 질문이라고 하기엔 너무 수준 높은 질문이 아닌가 하는 고민도 해봤다. 하지만 아프리카에서의 경험을 토대로 인생의 목적이 무엇이며 꿈은 무엇인가에 대해 방향을 정할 수 있었던 만큼, 공부의 사전적인 의미 이외에 '나에게 있어 공부는 무엇인가? 나에게 있어 교육은 무엇인가?' 하는 공부의 본질에 대해서도 명확히 할 수 있었다. 앞에서 언급한 것처럼 신뢰를 쌓는 것은 가장 중요한 공부라고 생각했다. 그런 의미에서 나이가 들어도 공부는 계속 해야 된다고 생각하는 입장이다. 공부에 대한 정의, 목표가 분명해지면서 더 이상의 수고로움도 없었다. 교사라는 직업이 많은 사람들을 상대하는 일이므로 분명히 쉽지 않은 일이긴 하지만 업 자체에 대해 불만을 가지는 경우도 별로 없었다. 나만의 이야기도 아니었다.

아시아 여성 최초로 하버드 법대 종신교수로 임용된 석지영 하버드대학 법학과 교수는 교사라는 직업에 대해 이렇게 이야기했다.

무엇보다도 우선적으로 나는 학교 선생이다. 그것이 나의 가장 중

요한 직업 역할이다. 나는 학생들에게 미래에 세계에서 가장 영향
력 있는 법률행위자로서 매우 멋진 책무와 힘을 가지게 될 것이라
는 사실을 이해시키려고 노력한다. 생각한다는 것의 기쁨과 매력
을 거듭 새로이 느끼는 젊은 지성들을 섬기는 안내자의 역할에 질
리게 될 일은 없다.

- 석지영, 《내가 보고 싶었던 세계》, p. 232, 북하우스

나는 가끔 학생들에게 이야기한다. '공부는 정말 재미있는 것이
다.'라고. 공부하는 것의 기쁨, 생각하는 것의 기쁨과 매력은 아무리
강조해도 지나치지 않다. 요즘 나는 공부에 굉장히 큰 재미를 느낀다.
세상에 재미있는 것들이 얼마나 많은지 모른다. 깊은 전율과 감동을
주는 책들을 읽다 보면 어느덧 새벽 2시가 넘어갈 때도 많은데 피곤
한지 모르고 할 때가 많다. 그것들은 성공과는 별개의 문제였다. 나
는 즐거움을 위해서 공부하고 즐거움을 위해서 책을 읽는다. 공부는
내 인생을 바꿀 뿐만 아니라 세상에 소망을 전하는 일이다.

공부의 의미에 대해서 잘 모르는 학생이 많다. 나도 그런 인생을
보내왔고 공부가 가지고 있는 의미에 대해서 잘못 이해하고 오해하
던 때가 있었다. 하지만 공부는 매우 재미있고, 의미 있는 일이며, 가
치 있는 일이다. 공부의 의미를 제대로 알고 있을 때 말이다.

실제로 공부가 왜 재미있고 의미 있는 일인지 살펴보자. 어떤 지인
은 자동차를 해부하고 수리하는 일이 그렇게 재미있다고 했다. 잠시

집중해서 일을 하다 보면 금세 점심시간이 되고, 다시 집중해서 일을 하다 보면 금세 퇴근시간이 된다고 이야기했다. 만약 그 사람에게 미적분에 대해서 이야기하고, 물리학에 대해서 이야기한다면 금방 손사래를 칠 것이 뻔하다. 그 사람에게 있어서 공부는 무엇인가? 그 사람에게 꿈은 무엇인가?

또 다른 지인은 유튜브 크리에이터를 꿈꾼다. 매일 퇴근하고 나서 새벽 늦은 시간까지 정신없이 영상편집을 하고 새로운 구독자를 늘리는 일에 몰두한다. 3년, 혹은 5년 이내에 수준급의 유튜브 크리에이터가 되어 개인 스튜디오를 마련하고 본격적으로 영상작업에 몰두하는 게 꿈이라고 한다. 노래도 곧잘 불러서 음반도 내기 위해 준비 중이다. 그 사람에게 있어서 공부는 무엇인가? 법에 관한 것인가, 자동차에 대한 것인가? 아니면 10년 뒤 성공적인 크리에이터로서의 삶을 살기 위한 노력인가? 그에게 꿈은 무슨 의미인가?

이러한 생각들은 공부라는 개념 안에서 아주 중요한 요소들이다. 모든 인생은 각자의 규칙을 가지고 있다. 그 규칙은 저마다 다르지만 '어떤 게 나에게 맞는 일이고, 올바른 것인지'에 대해서 생각한다는 점은 동일하다. 다만 어떤 인생을 살아갈 것인지에 대한 각자의 생각과 추구하는 가치가 다를 뿐이다. 어떤 인생이 멋진 인생이고 어떤 인생은 그렇지 않다는 기준을 누가 정해두었는가?

"게임의 규칙에 대해서는 일체의 의심을 허용하지 않는다. 그 규칙을 관통하는 원칙은 변동 불가능한 진리이기 때문이다."라고 이야기한 프랑스 시인 폴 발레리의 이야기처럼 인생의 규칙 속에서 공부라는 것, 꿈이라는 것, 교육이라는 것의 원칙은 변동 불가능한 진리를 내포하고 있어야 한다. 그것은 스스로가 게임처럼 느낄 수 있는 것들로 채워져야 한다는 것이다. 남들이 성공했다고 이야기하는 인생 속에서 꿈꿀 수 없고 배워야 할 의미조차 찾지 못한다면 어떤 의미 있는 일들로 인생을 채울 것인가?

무엇을 공부하는가

영어는 언어다.

영어를 공부하는 데 가장 큰 힘이 되어준 것은 바로 '영어는 언어'라는 사실을 인지하는 것이었다. 그리고 그 깨달음은 다른 분야에 있어서도 굉장히 많은 발전을 할 수 있도록 도와주었다. 학창시절 배웠던 단어들과 그때 익혀두었던 약간의 영어 실력이 그대로 유지된다고 해서 인생에 큰 영향력을 미치는 건 아니다. 그리고 그 실력으로 영어를 잘하리라는 것을 기대해서도 안 된다. 지적인 능력은 쓰지 않으면 쇠퇴하기 때문에 계속해서 뇌가 새로운 정보와 언어를 접할 수 있도록 의도적인 노력을 해야 한다. 내가 그런 생각을 가지게 된 것은, 애석하게도 서른이 넘은 어느 날이었다.

몇 년 전의 일이다. 문득 이런 생각이 들었다.

'그동안 살면서 영어를 계속 공부해왔는데, 이제 외국원서 정도는 읽어도 되지 않을까? 완벽하게 이해는 안 되더라도, 절반 정도는 이해가 되겠지. 이참에 영어로 된 책을 사서 공부를 좀 해봐야겠다. 그럼 실력이 확실히 향상되겠지.'

그렇게 영어공부를 열심히 해볼 요량으로 아마존에서 넬슨 만델라의 자서전 두 권과 간디 자서전 한 권, 도널드 트럼프의 자서전을 한 권 샀다. 책값보다 배송료가 더 많이 나왔지만 드디어 뭔가 되가는구나 싶어 돈이 아까운 줄 모르고 주문했다. 남아프리카 공화국에서 1년을 살았고 넬슨 만델라는 내가 유학하려고 했었던 대학에서 학위를 받고 대통령직까지 수행한 역사적인 인물이니, 영어로 된 자서전을 읽으면서 그 인물이 받았던 고난과 역경과 마주칠 때 어떤 큰 감동을 받지나 않을까 하는 기대도 잠시 했었다. 특별히 어려운 단어나 문장을 사용하지 않는 이상 자서전도 사람이 쓰는 말을 글로 옮긴 것인데 영어라고 해서 달리 어려울 만한 게 있겠는가, 모르면 사전 찾으면 되지 하는 생각으로 4권을 골랐다. 그중에서 넬슨 만델라의《Long walk to freedom》을 집어 들고 첫 장을 폈다.

사전이 없이는 첫 문장도 해석이 안 되었다.

외국인 친구들과 대화를 하거나 간단하게 통역을 하는 것과 외국 원서를 읽고 이해하는 건 전혀 달랐다. 영어단어 외우기는 고등학교 이후 제대로 한 적이 없었기 때문에 대부분의 단어들은 어렴풋이 이해만 되었고, 평소에 잘 쓰지 않는 어휘들은 생소하게 다가왔다.

내 실력이 이 정도밖에 되지 않았나, 하는 생각에 처음에는 당황스러웠다. 하지만 금방 마음을 고쳐먹었다. 한글로 된 자서전 읽듯이 완벽하게 이해하는 것에서 일단 일독하는 것으로 목표를 수정한 것이다.

'전문적으로 번역하는 사람이 왜 번역하는 일을 하겠어? 영어를 수십 년 배워도 말 한마디 못하는 나 같은 사람이 있으니까 번역을 하는 거지. 일단 한번 읽는 데 목표를 두자. 몇 번 읽다 보면 보이는 게 있겠지.'

4권의 책 중에서 그나마 수월하게 읽을 수 있는 책이 도널드 트럼프의 《거래의 기술》이었다. 크기가 작고 두껍지 않아서 쉽게 읽을 수 있었는데 종종 어려운 단어가 나오는 것 외에는 수월하게 읽을 수 있었다.

일독하기로 마음을 정하고 하루에 30분씩 책을 읽었다. 얼마 지나지 않아서 1독을 완료했는데 2번째 정독에 들어가자 문장들이 눈에 휙휙 들어오기 시작했다. 제법 긴 문장들은 이해하기가 어려웠는데 큰 소리를 내서 읽고 단어를 외우는 것만으로도 영어 실력 향상에 굉장히 많은 도움이 되었다.

영어의 중요성에 대해서 심각하게 생각하진 않았고 지금도 그 생각은 변함이 없다. 내게 있어서 영어를 공부한다는 것은 인생을 변화시키는 게 아니라 단지 기회를 향한 문이 열리는 데 약간의 도움이 되는 것일 뿐이었다. 토익점수가 900점이 넘어도 외국인을 만나서 버벅거리며 이야기하는 사람들을 너무 많이 봐왔기 때문에 학교에 다닐 때처럼 시험에 얽매이는 식의 영어공부는 하고 싶지 않았다.

특별한 자격증을 따고 싶었던 것도 아니었다. 대신 평생 꾸준히 공부하겠다는 각오로 스트레스 없이 영어를 공부하고 싶었는데, 내가 설정한 목표는 다음과 같았다.

1. 영어 실력이 매일 나아지는 것
2. 고급 어휘를 구사할 수 있는 영어 실력을 갖출 것
3. 여기저기 투자하지 말고 한 권의 책이라도 닳을 때까지 진득하게 읽고 연구할 것

집에는 몇 권에 문제집이 있었다. 표지만 새카맣게 닳아있는 문제집을 보면서 한숨이 나왔다. '각오만 하다가 세월 다 보내겠구면.' 싶어 다시 한 번 각오를 다지고 공부하기 시작했다.

먼저 목표를 정했다. 표지만 새카맣게 닳도록 하지 않겠다는 것과 몇 번이고 훑고 난 뒤에 집중하겠다는 것이었다. 무슨 시험이든지 10번을 읽으면 합격한다고 이야기한 어떤 분의 수기를 본 적이 있어서 나도 10번은 읽어봐야지 싶어 나름대로 순서를 짜봤다.

1. 3번 훑는다. 모르는 단어와 중요한 구문은 체크한다.
2. 2번 정독하며 세밀하게 공부한다.
3. 2번 빠르게 읽으며 다시 한 번 확인한다.
4. 형광펜 체크한 부분만 빠르게 읽는다.

제일 첫 번째 한 일은 중고등학교 수준의 영어문제집을 사서 기초-기본-종합 순서대로 3번 정도 훑는 일이었다. 3번 정도 훑어서 대략적으로 구도와 얼개가 머릿속에 그려지고 난 다음에 2번을 정독했다. 훑는 동안 몰랐던 부분, 알고 있으면서도 설명하기엔 애매한 부분들을 형광펜과 볼펜으로 밑줄을 그어놓고 2번, 3번 읽으면서 눈에 들어오지 않았던 부분들을 체크했다. 3번을 읽은 뒤에 2번은 정독하면서 기초-기본-종합순으로 꼼꼼히 읽고 문제를 풀이하면서 틀린 부분과 단어들을 세밀하게 정리해나갔다.

그렇게 5번을 읽고 정리한 뒤에 좀 더 세밀하게 정리하면서 2번을 다시 읽었다. 5번 정도 읽고 나니 어느 정도 정리가 되었기 때문에 조금 더 빠르게 읽으면서 몰랐던 부분과 중요구문들을 정리할 수 있었고, 어느 정도 기초를 다질 수 있었다. 그리고 마지막으로 3번을 빠르게 읽어나가면서 형광펜으로 색칠한 부분과 볼펜으로 체크한 부분만 빠르게 암기하고 정리했다.

그렇게 문제집을 10번 읽고 나서 하는 일이 약간 수준 높은 문제집을 20번 읽고 정리하는 것이었다. 동일한 방법으로 10번을 읽되, 2번 반복해서 총 20번 읽고 단어를 정리하는 것이다. 모든 사람에게 통용되는 방법도 아니고 이 방법이 가장 좋은 방법이라고도 생각하지 않는다. 개인적으로 가졌던 목표를 이루기 위해서 나름대로의 최선책을 강구하다가 나온 방법이다.

초등학교 고학년과 중학생들에게 내가 이야기하는 것도 비슷한 내용이었다. 성인이 되면 다양한 분야에서 공부할 수 있는 기회가 생기겠지만 학창시절이라면 모든 공부의 기본은 교과서라고 생각하기 때문에 교과서를 다독할 것을 권했다. "아무리 좋은 문제집과 책이 있어도 기본은 교과서다. 교과서를 10번, 20번 읽어라." 하고 이야기했다. 중고등학교 정도 수준의 국어책에는 성인들이 읽을 만한 문학작품들이 다수 정리되어 있고 창의적으로 생각할 수 있는 문장들도 많이 있기 때문에 교과서만으로 충분하다. 무엇보다 영어, 수학, 과학 등 모든 학과 공부의 기본은 교과서이기 때문이다.

고3 시절 영어를 제외하고 전 과목 1등급을 받았던 지인이 있다. 대학 시절 학과에서도 탑을 놓치지 않았던 그에게 영어를 왜 그렇게 싫어했느냐고 물어봤다.

"영어는 단어 외우는 게 너무 싫었거든요. 방금 전에 한 문제를 풀었을 때 모르는 단어를 열심히 외웠는데, 다음 문제에서 똑같은 단어는 안 나오고 또 새로운 단어가 나오잖아요. 그게 이해가 안 되는 거죠. 한국어라면 모르는 단어가 나오면 유추라도 하겠는데 영어는 기본적으로 외국어잖아요. 유추를 하는 것도 한계가 있으니까요. 한 번도 영어수업시간에 제정신으로 수업을 들어본 적이 없어요. 수학이랑은 완전 달라요. 수학은 공식만 외우면 졸업하고 나서도 평생 써먹거든요. 그 문제가 그 문제라서."

영어를 싫어하는 대신에 수학에 있어서는 타의 추종을 불허할 만큼 뛰어난 두각을 나타내던 이 친구는 학원 강사로 활동하면서 교재를 직접 만들고 최상위권 학생들에게 수학을 교육하는 일을 하면서 유튜브 크리에이터로도 활동하고 있다. 사람들이 중요하다고 생각하는 어느 한 분야에서 별다른 빛을 보지 못했음에도, 다른 분야에서는 굉장히 뛰어난 두각을 드러낸 셈이다.

그런 경우들이 우리 주변에만 있는 것은 아니다. 세계적인 동기부여가이자 컨설턴트인 브라이언 트레이시는 스스로 독서광이었다고 밝힌 바 있다. 스물세 살이 되기까지 떠돌이 일꾼으로 지내다가 '왜 어떤 사람은 다른 사람보다 성공하는가?'에 대한 궁금증을 가지고 공부를 시작했다. 일용직 노동자에서 외판원으로 자리를 옮긴 그는 매출을 올리기 위해서 공부를 시작했고, 월 수십억 원의 매출을 달성하며 판매왕이 된 뒤에는 부동산업에 진출해서 부동산에 관련된 모든 책을 읽었다. 그러다가 본인이 하는 일에 대한 전문성과 더 많은 지식을 쌓고 싶어서 경영과 판매, 비즈니스에 대한 공부를 시작했고 야간고등학교를 졸업했는데, 이후 MBA과정에서 비즈니스 이론, 전략기획, 마케팅을 공부한 이후에는 경영컨설턴트가 되었고, 경제적으로 성공 궤도에 오를 때쯤에서야 행복이라는 것에 매력을 느끼고 깊이 있게 공부를 시작했다. 심리학, 철학, 종교, 동기부여, 성취 이론을 공부하기 시작했고 아내와의 관계, 성격적인 결함과 단점을 극복하기 위해 커뮤니케이션, 성격분석, 인간관계와 심리과학에 대한 공부를 했고, 이후에는 '본질은 바뀌지 않는다. 역사를 알면 미래를 알 수 있다.'는 생각으로 역사와 경제, 정치를 공부했다. 어린 시절의 안 좋은 기억이나 경험들로 실패한 학창시절을 보냈을지라도 그 이후의 삶은 스스로의 노력으로 얼마든지 성공적으로 만들어갈 수 있다는 것을 배웠다.

브라이언 트레이시만큼은 아니었지만 나도 그랬다. 변화를 생각하고는 있었지만 어떻게 해야 하는지 몰랐고, 딱히 잘하는 것은 없는데 대학은 가야 했으니 무작정 책을 팠다. 그러다 보니 책이랑 가까워져서 책이 좋아지게 되었고, 사회인이 된 지금은 항상 책을 들고 다니는 습관이 생겼다. 300페이지가 넘는 책을 하루에 6권까지 읽은 적이 있는데 자꾸 읽다 보니 속도가 빨라져서 그만큼 많은 양도 소화할 수 있게 되었다. 책을 좋아해서 읽다 보니 궁금한 점이 생겨서 그 부분을 더 깊이 있게 공부하고 싶어 다른 책을 찾게 되고, 또 거기에서 궁금한 점이 생겨서 다른 부분에도 관심을 가질 수 있었다. 그렇게 책을 자꾸 읽다 보니 '나도 책을 한번 써볼까?' 하는 마음이 들어서 어릴 때부터 꿈이었던 작가에 도전했고, 한 권을 써보니 두 권도 괜찮겠다 싶어 두 번째 책도 썼으며 출판사와 계약이 진행 중이다. 요즘은 세 번째 책을 쓰고 있는데 네 번째 책 제목도 함께 구상 중이다.

인생에서 무엇을 공부하는가? 인생의 목표가 좋은 대학이나 좋은 직장에 한정되어 있다면, 공부하는 것과 꿈꾸는 것은 지루하고 힘든 일이 될 것이다. 그리고 그렇게 열심히 노력한 결과가 내가 어릴 때부터 꿈꿔오던 그런 삶이 아니었을 때, 내가 원하던 삶과 전혀 다른 길을 걷게 되었을 때 부닥치게 될 그 실망감도 무시할 수 없을 것이다. 재능과 몰입은 중요한 문제다. 그 전에 먼저 무엇을 공부해야 하는지가 명확해질 차례다.

재능과 몰입, 그 이후

학창시절, 나는 안동에서 제법 규모가 있는 학원을 다녔다. 내가 중학생이던 1997년에도 근무하는 선생님이 열 분 이상 계실 정도로 큰 학원이었는데 선생님들과 친구처럼 가족처럼 지내던 학원이었기에 지금도 기억에 많이 남는다.

당시 나와 함께 학원에서 공부하던 친구 중에 정규라는 친구가 있었다. 중학교는 달랐지만 초등학교가 같았던 우리는 같은 학원을 다니면서 아주 친해진 케이스였는데, 전교에서도 최상위권의 성적을 유지하는 정규랑 친하게 지내는 것만으로도 나는 많은 것을 배울 수 있었다.

정규의 형은 안동고등학교에서 전교 10등 안에 드는 수재였고, 이후에 고려대학교에 입학했다. 정규 역시 안동고등학교에서 상위권에 드는 성적을 유지했는데, 이후 교대를 졸업하고 선생님이 되었다고 들었다. 매사에 신중하고 꼼꼼한 성향을 가진 정규다운 선택이었다.

중학교에 다닐 때, 학교를 마치고 집에 들어오는 시간에 거의 맞춰서 집으로 전화가 왔다.

"내다. 집에 왔나? 너희 집에 가도 되나?"

휴대폰이 없었던 그때, 정규는 걸어서 20분은 족히 걸리는 우리 집으로 부리나케 뛰어오곤 했다. 정규네 집이 결코 어려운 형편은 아니었지만, 우리가 중학교에 다닐 때만 해도 사양이 괜찮은 컴퓨터는 웬만한 중고차 한 대 값이었고 휴대폰은 우리가 고등학생이 될 때쯤에야 서서히 대중화되기 시작했다. 컴퓨터가 없었던 정규는 학교를 마치고 나면 구식 비행기 게임을 하러 거의 매일 우리 집으로 왔는데, 학원에 갈 무렵이 되어서야 부랴부랴 가방을 싸들고 같이 가곤 했다.

당시 정규는 주말에도 우리 집에 와서 같이 새벽 4시, 5시까지 게임을 하곤 했는데, 서서히 동이 틀 무렵이 되어서야 쓰러지듯 잠을 자곤 했다. 아침에 일어나면 둘 다 입술이 퉁퉁 부어서 피가 고여 있었는데, 땀을 뻘뻘 흘리면서 비행기 게임을 하고 난 뒤에 제대로 씻지도 않고 쓰러지듯 잠을 자느라 그랬던 것 같다.

하지만 정규는 그렇게 새벽까지 게임을 하고 난리를 쳐도 공부만큼은 항상 최상위를 유지했다. 습관의 형성이라기보다는 배운다는 것, 그러니까 공부 자체를 즐기는 것 같았고 별다른 스트레스를 받지 않았다.

아마 중학교 2학년쯤이었을 것이다. 시험 기간이던 어느 날이었다. 정규는 그날도 우리 집으로 와서 밤늦게까지 게임을 했는데 어느 정도 지겹도록 게임을 하고 나자 슬슬 책을 펴들기 시작했다.

"공부하기 전에 한 판 해야 공부가 잘되지. 게임보다 공부가 더 재밌어."

정규랑 같이 책상에 앉아서 공부를 하다가 나는 점점 잠이 와서 침대에 누웠는데, 정규가 새벽 늦은 시간까지 불을 켜놓고 교과서를 보던 장면이 기억난다. 공부에 스트레스를 받는 게 아니라 도리어 공부를 게임보다 더 즐기는 것처럼 보였다. 그 모습을 보면서 '참 신기한 녀석이다. 저게 재밌나?' 하고 생각하는 순간 잠들어버렸다.

정규는 공부 자체를 즐겼다. 마치 게임을 하다가 지루해지면 더 재미있는 것을 찾다가 '앗, 여기 있었네.' 하고 책을 펴드는 사람처럼.

같이 학원을 다녀도 나는 재미를 붙이지 못했다. 멍하니 책을 바라보다가 정규를 돌아보면 정규는 끊임없이 뭔가 쓰고 있었다. 그러다가 눈이 아프면 노트 앞쪽에 초록색 부분이나 칠판을 한동안 바라보다가 다시 책이나 노트를 바라보았다.

"초록색이 눈의 피로를 덜어주는 색깔이라고 하더라. 쳐다보고 있으면 눈의 피로가 사라진다고 하던데 너도 해봐."

그리고는 다시 집중해서 책을 읽었다. 열심히 책을 보는 정규를 보면서 저게 사람인가, 생각했다. 20년이 훨씬 지난 학창시절의 기억이지만 지금도 생생하게 남아있는 것은 정규의 그 모습이 꽤나 인상적이었고, 어린 마음에 참 멋있다는 생각을 했었기 때문이다.

정규는 키가 작고 얼굴도 잘생긴 편은 아니었다. 하지만 누가 봐도 멋있는 녀석이라고 할 만큼 괜찮은 친구였다. 그냥 공부를 잘해서 그런 것은 아니고, 정규가 가지고 있던 좋은 습관들이 있었다. 그

습관들은 공부를 굉장히 잘하거나 매사에 굉장히 집중하는 사람들, 혹은 성공적인 인생을 살아가면서 지속적으로 성장을 이루어내는 사람들이 가지고 있는 그런 것이었다. 나도 한 번씩 정규네 집에 놀러가곤 했는데, 지금 생각해보면 고개를 끄덕거릴 만한 좋은 습관들을 두 형제는 가지고 있었다.

정규는 형과 같이 방을 썼는데, 형제네 방에 들어가면 벽 전체에 빽빽하게 상장이 붙어 있었다. 다닥다닥 붙어 있던 상장의 대부분은 정규의 형이 받아온 상장이었는데 성적우수에 대한 상장들이었다. 그 가운데 농구 골대가 걸려 있었고, 밑에는 만화책을 포함해서 여러 책들이 수북하게 쌓여 있었다.

정규의 형은 안동고등학교에서 손꼽히는 수재였는데 서울대학교를 가려다가 '간당간당할 바에 안전하게 낮춰서 가자' 하고 들어간 곳이 고려대였다고 들었다. 공부를 잘하게 생긴 얼굴은 아니어서 첫인상은 별로 좋지 않았지만, 굉장히 똑똑하고 스마트한 분이었다.

정규네 집에 놀러 가서 첫 번째로 놀란 것은 책이었다. 중학생일 때 나는 빨간색 표지가 입혀진 일명 '빨간 기본영어'를 가지고 영어 공부를 했는데 대부분의 사람들이 그렇듯이 첫 앞부분만 까맣게 될 정도로 공부하고 나머지는 새 책처럼 깨끗했다. 정규의 집에도 빨간 기본영어가 한 권 있었다.

아무 생각 없이 그 책을 펼치는 순간 뭔지는 잘 몰라도 '공부는 이렇게 하는 거구나.' 하는 생각이 저절로 들었다. 중간 중간 낙서도 있고 볼펜으로 끼적거린 그림들도 있지만 분명히 몇 번 반복해서 읽은 듯한 느낌, 종이의 흐느적거리는 느낌을 통해서 몇 번이고 반복해서 읽어낸 책이라는 느낌을 받았다. 맨 뒷장을 펴보았는데 거기에도 비슷한 낙서와 함께 필기와 밑줄 등으로 공부한 흔적이 있었다. 책상은 굉장히 깔끔했다. 매일 책을 보는 고3 학생의 책상이 그렇게 깔끔하게 정리되어 있기도 힘들었을 텐데, 지우개 가루 하나 없이 깨끗하게 굉장히 정리정돈이 잘 되어 있었다.

"우리 형은 혼자서 티비 보다가도 시간이 되면 티비를 끄고 정리해. 아침에 일어나서도 공부하고, 그러다가 잠깐 누워 있으면 엄마가 깨워서 밥 먹이고 학교에 보내. 책은 이해가 안 돼도 꼭 끝까지 읽어야 된다고 하더라."

둘이서 놀고 있는데 얼마 후 정규의 형이 왔고, 정규와 잠시 이야기를 나누다가 갑자기 플라스틱 농구공을 들고 둘이서 농구를 하기 시작했다. 내가 보기에는 하나도 재미없어 보이는 '플라스틱 농구공'을 들고 자기네 키보다 조금 위에 달려있는 '플라스틱 농구 골대'에 덩크슛을 날리거나, 안방에서 한손으로 냅다 집어던지는 중거리 슛도 날리는 것이었다. 그런데 보고 있으면 뭔가 재미있었다. 자기네들끼리 열심히 농구를 하는데 흡사 전쟁 같았다. 정규는 블로킹을 하고 형은 덩크슛을 날리고, 빈틈만 보이면 프로들의 무대에서나 볼 수 있는 그런 기술 비슷한 게 얼핏얼핏 나오기도 했는데 절대 지면 안 된다는 그런 각오로 게임에 임하는 게 눈에 보였다. 농구에 전혀 흥미가 없었던 나는 멀뚱멀뚱 쳐다만 보고 있었는데, 땀을 뻘뻘 흘리며 한바탕 게임을 한 정규네 형은 농구가 끝나고 정규랑 이런저런 이야기를 잠시 나누다가 물을 한 컵 마시고 나서 가방 가득히 책을 싸맨 뒤 다시 공부하러 간다고 나가버렸다. 정규는 그때부터 앉아서 만화책을 집어 들고 집중해서 보더니 시간이 흐르고 난 뒤 역시 가방 가득히 책을 싸매고 나와 같이 학원으로 수업을 들으러 갔다.

  돌이켜보면 별 것 아닌 지나간 학창시절 추억에 불과한 장면이지만 돌아보면 기억에 남는 이유가 있었다. 교육계에서 일을 하면서 그때 내가 보았던 평범한 장면들, 하지만 결코 평범하지 않은 그 장면들을 되뇌어보게 되었다.

  두 형제는 공통점이 있었는데 무엇이든 매사에 굉장히 몰입하는 능력이 있었고, 그 자체를 즐겼다. 심지어 정규는 만화책을 볼 때도 굉장히 집중해서 읽었고 옆에서 내가 뭘 하든 전혀 의식하지 못하고 만화책 보는 것에 집중했다. 한창 만화책을 보다가 정신을 차려보니 아침이었다고 이야기한 적도 있다. 하지만 성적은 항상 최상위권을 유지했다.

  만화책이어서 그랬다는 게 아니고 공부에서도 마찬가지였다. 한 가지 일을 할 때면 굉장히 몰입해서 했다. 축구를 할 때도, 농구를 할 때도 정규는 지는 것을 굉장히 싫어했다. '질 바에 안 하고 말지, 질 거면 뭐 하러 해? 할 거면 제대로 해야지.' 그게 정규의 생각이었다.

  정규나 정규의 형만 그런 것도 아니었다. 초등학교 친구였던 경현이는 매일 싸움질만 일삼았고 지렁이나 거미 같은 걸 잡아와서 여자

애들을 울리기 일쑤였다. 언젠가 경현이 집에 놀러간 적이 있었는데, 책상에는 온갖 잡동사니에 지우개 가루와 먼지가 뽀얗게 내려앉은 진드기 젤리 같은 게 널려 있었고, 바닥에는 만들다가 포기한 과학상자가 여기저기 나뒹굴고 있었다.

청소라고는 전혀 안 했고 늘 비비탄 총을 들고 다니면서 수업 시간에 말썽을 부리던 경현이는, 그러나 수학과 과학에 타고난 재능을 가지고 있었는데 중학생들이 풀 만한 수학문제와 과학문제를 술술 풀어내는 능력이 있었다.

초등학교에 다닐 때 벌써 중고등학생들이 참가하는 수학 경시대회나 과학 경시대회에 나가서 상을 타오곤 했다. 중고등학생이 되어서도 수학과 과학만큼은 전교에서 최상위권을 유지했고 친구들이 풀지 못하는 문제들도 척척 풀어냈다. 경현이는 수학문제나 과학문제를 풀다가 밤을 샌 적도 몇 번 있다고 했다. "막 수학문제집 풀다가 돌아보니 해가 뜨고 있었다."는 이야기를 한 적이 있는데, 내 기억으로는 초등학교 4학년 때쯤이다. 비비탄 총을 들고 열심히 쏘다가 그런 이야기를 한 기억이 나기 때문이다.

고등학교 때 같이 공부하던 친구 중에는 언어영역에서 전국 1등을 한 친구도 있었는데 늘 술과 담배, 여자친구를 끼고 사는 친구였음에도 불구하고 언어에 타고난 재능을 가지고 있었다. 모르는 단어라도 한 번 들으면 단어의 뜻을 유추하고 다양한 단어를 만들어서 사용할 수 있을 정도로 뛰어난 친구였다. 대화를 나누다 보면 어휘의 질이 달랐다. 결국 그 친구는 고등학교를 졸업한 뒤 국내 사립명문대학교에 국문학과로 진학해서 학업을 이어나갔다.

그렇게 뛰어난 재능과 타고난 몰입의 능력을 가지고 있음에도 불구하고, 그 재능을 크게 살리지 못하고 그냥 그런 삶을 살아가는 친구들도 많았다. 정규처럼 본인의 끼와 관심사를 평생의 업으로 삼은 친구도 있는 반면 평범한 회사에 들어가서 직장인이 되거나 자신의 재능과 전혀 상관없는 사업체를 꾸린 친구들도 있었다. 수학과 과학에 천부적인 재능을 가지고 있었고 예술 쪽에 타고난 능력을 가지고 있던 친구들이었음에도 불구하고 정작 자신의 재능을 별로 살리지는 못하고 고깃집을 운영한다거나, 카페를 창업하곤 했다.

책의 중간중간, 그리고 마지막 장에서 자세하게 또 설명하겠지만 학창시절의 재능과 몰입이라는 것이 타고난 경우도 있었지만 그 재능을 살리는 데는 다양한 요소들이 필요했고 그런 습관들이 인생의 대부분을 결정짓는 것은 더더욱 아니었다. 나와 내 친구들은 어렸고 세상을 몰랐다. 그리고 그런 마음을 잡아줄 수 있는 기회도 없었기 때문에 많은 시간을 헤맸던 것 같다.

교육업에 종사하면서, 나는 어린 시절 공부에 대한 집중과 몰입도 중요하지만 어디에 집중하고 어디에 몰입해야 하는지에 대해 더 깊이 있게 고민하게 되었다. 아이들에게 아무리 좋은 지식과 정보를 이야기하고 인문학적 소양을 이야기해도 정작 중요한 것은 인생이라는 긴 여정 중에 어디에 집중하며 어디에 몰입할 것인가에 대해 알려주는 것이 아닐까.

chapter 2

우리는 무엇을
해야 하는가

생각하는 사람

    얼마 전 개명 신청을 하려고 법원에 갔다. 안내표지를 보고 가는데도 워낙 넓어서 개명 신청하는 곳이 어디 있는지 위치를 찾기가 어려웠다. 그러다가 민원 안내하는 곳이 있어서 들어갔다. 민원상담이라고 하는 명패가 있는 곳에 가보니 나이가 지긋하신 남자분이 앉아계셨다. 머리가 벗겨지고 게슴츠레한 얼굴로 멍하니 앉아 있던 그분은, 양복을 입고 서류가방을 들고 있는 내가 다가가자 의심스런 눈빛으로 나를 위아래로 훑어보았다.

    그분에게 다가가 문의를 드렸다.

    "안녕하세요? 그……."

    "여기 아닙니다. 여기는 오시는 데가 아니에요."

    순간 멈칫했다.

    "뭐 여쭤보려고 온 건데요."

    "아 그러니까 여기가 아니라고요. 반대쪽 건물로 가세요. 그쪽으로 가시면 돼요."

옷차림과 서류가방을 보고 영업사원인 줄 알았던 것이다. 나는 5초 정도 그분의 눈을 빤히 쳐다보다가, 아주 천천히 다시 물었다.

"선생님, 저 개명 신청하러 온 사람입니다."

그제야 그분은 자리에서 일어나 상세하게 설명하기 시작했다. 말투까지 공손하게 바뀌었다.

생각하는 사람을 찾는 건 어렵다. 일단 생각하는 사람들 자체가 드물다. 그럴 수밖에 없겠다는 생각도 드는 것이, 나이가 들수록 해야 할 일들이 많아지니까 깊이 있게 생각하는 습관이 형성되지 않아서 그럴지도 모르겠다.

대부분의 사람들은 1차적인 생각을 하고 산다. 현실의 문제점에 대해서만 생각하다 보니 주변을 돌아볼 기회를 갖지 못하는 것이다. 생각을 거치지 않고 말을 하다 보니 돌아서서 후회하는 경우가 태반이다. 하지만 좀 더 나아가서 2차적 사고와 3차적 사고, 그 너머 더 깊은 생각을 하다 보면 살면서 만나는 문제들이 굉장히 빠른 속도로 줄어들고 마음도 건강해진다.

나는 1차적인 생각만을 하면서 10대와 20대의 대부분을 보냈다. 지금 돌이켜보면 그때 내가 왜 그랬을까, 그때 좀 조심했었더라면, 하는 경험들이 매우 많다. 30대가 되어 보니 후회하게 되는 경험들이 많이 있다.

'조금만 더 차분하게 생각했었더라면 그런 결과는 나오지 않았을

텐데' 하는 경험들이 누구나 있을 것이다. 사람은 똑같으니까 말이다. 진득하게 생각을 못하는 바람에 돈도 잃고, 명예도 잃고, 사람도 잃는 경우가 많다. 무엇보다 사람을 잃는 것은 정말 어리석은 일이다. 살면서 만나는 여러 부분에서 많은 피해를 입힌다.

생각하는 사람인지 아닌지 구별하는 방법은 여러 가지가 있다.

첫 번째로 제일 쉬운 방법은 몇 마디 대화를 나눠보는 것이다.

그러면 한 번에 알 수 있다. 생각이 깊은 사람은 대화에서부터 차이가 난다. 단어의 선택, 말의 깊이, 상대방을 배려하는 경청하는 자세까지 여러 부분에서 다르다는 것을 느낄 수 있다.

몇 년 전 취업을 준비할 때였다. 어느 회사에 이력서를 제출했고, 담당자와 전화 통화를 하게 되었다. 몇 마디 대화를 나누면서 나눈 대화는 평범한 면접담당자와 지원자의 그저 그런 통화였지만 전화상으로 보통사람은 아니겠다는 느낌을 받았고, 어떤 사람인지 궁금했다. 면접일자를 정한 뒤 깔끔한 양복을 입고 회사에 면접을 보러 갔다.

회사 문을 열고 들어갔을 때, 대표로 보이는 분이 "어서 오세요, 반갑습니다. 얼마 전에 저랑 통화하셨죠?" 하고 인사를 하셨다. 그 순간, '이 사람은 리더감이구나.' 하는 생각이 들었다.

전화로 대화를 조금 나누었고 그날 처음 만난 것이었는데 얼굴을 보자마자 리더감이라는 생각이 든 것은 처음이었다. 보이는 이미지만으로 그 사람을 100% 확신하고 판단하는 것은 정답이 아닐 수도 있지만, 이후에 동기들과 선배 사원들에게서도 똑같은 이야기를 들었다는 점에서 놀라웠다. 그 회사에서 근무하는 동안 꾸지람도 많이 들었고 실수한 적도 많았지만, 단 한 번도 대표님의 리더십과 자세에 대해 의심해본 적은 없었다. 자기관리에 매우 철저한 분이었고 생각이 깊은 분이었다.

이분은 전날 아무리 과음을 하고 장거리 출장을 다녀오더라도, 다음날이면 항상 제 시간에 맞춰 양복에 넥타이를 매고 출근했다. 18년 동안 단 한 번도 빠지지 않고 야구 동호회에서 활동을 했는데, 몇 년 동안 동호회 회장직도 같이 겸하고 있다고 했다. 배울 점이 매우 많은 분이었기 때문에, 지금도 종종 연락을 하면서 지낸다.

비슷한 시기에 다른 회사에도 지원서를 냈는데 그 회사에서는 아침 7시 반에 전화가 왔다.

"네, 이력서 보고 연락드렸는데요. 혹시 경력에 대한 포트폴리오 있으면 제 메일로 좀 보내주세요."

부랴부랴 포트폴리오를 만들어서 보냈고 면접도 봤지만, 면접을 담당하는 대표의 모습에서 리더라는 느낌을 전혀 받지 못했고 심지어 사기꾼 같은 느낌도 들었다. 회사는 규모가 있고 괜찮았지만, 왠지 내 시간과 열정을 쏟아 붓기엔 적절하지 않은 회사라는 느낌을 많이 받았다. 결국 나는 처음 회사에 입사를 했고, 두 번째 회사는 얼마 지나지 않아 부도가 나고 말았다.

그런 경험을 하고 난 뒤에, 나는 사람들을 만날 때 이 사람이 생각을 하면서 사는 사람인가 그렇지 않은 사람인가 속으로 저울질도 해보고 생각도 하게 되었다. 상대방에 대해 모든 것을 알 순 없지만, 적어도 잘못된 선택을 피할 수 있는 방법이라는 확신을 가지게 해주었다.

두 번째 방법은, 지금 읽고 있는 책이 무엇인지 살펴보는 것이다.
책은 마음의 양식이라는 말처럼, 대화를 나누고자 하는 상대방이
현재 읽고 있는 책이 무슨 책인지 알면 상대방이 마음에 어떤 세계들
을 채워나가는지 알 수 있기 때문에 대강의 성품 정도는 알 수 있다.
사람의 기분은 한쪽으로만 방향이 치우친 게 아니라 그때그때 변화
하기 때문에 한 번 대면하는 것으로 그 사람의 모든 부분을 알기가
쉽지 않고, 독서를 많이 한다고 해서 굉장히 깊고 온화한 성품을 가
지고 있다고 단정 짓기도 어렵다. 독서를 한다는 것의 의미가 마음의
변화도 추구하지만, 기본적으로 다양한 방면에서의 지식을 받아들이
는 것을 의미하기 때문이다. 그럼에도 불구하고 다양한 분야의 독서
를 통해 지식의 깊이가 깊어질수록 스스로에 대한 지적인 미숙함을
느끼는 동시에 마음의 깊이도 어느 정도는 넓힐 수 있기 때문에 좋은
방법이라고 할 수 있다.

언젠가 지하철을 타고 이동하는데, 맞은편 자리에 허름한 옷차림
을 한 중년남성이 책을 읽고 있었다. 나이가 예순 정도는 되었을까,
한 손으로 책을 읽으면서 한 손으로는 볼펜으로 밑줄을 긋고 있었다.
무슨 책을 보고 계시는가 싶어 힐끔힐끔 쳐다봤는데, 그러다가 눈이
마주쳤다. 그분은 나를 뚫어져라 쳐다보시다가 내 손에도 책이 있는
걸 보고는 이내 본인이 보시던 책으로 눈길을 돌리셨고, 얼마 지나지
않아서 지하철에서 내리셨다.

지하철에서 독서를 한다는 것이 딱히 대단한 것도 아니고 나에게도 그저 스쳐지나가는 한 장면이었다. 그러다가 책을 쓰면서 당시의 경험들을 돌이켜보게 되었는데, 생각해보면 당시엔 뭐라 말로 표현할 수 없는 그런 기분이 들었던 기억이 난다. 그분의 모습에서 나는 처음 보는 사람에 대한 존경심이 들었던 것이다.

공부뿐만 아니라, 대부분의 사람들이 지식에 대해서 잘못 이해하고 있는 부분이 있다는 점은 사회생활을 해본 사람이라면 이해할 것이다. 보통은 학교에서 교과서상의 정보, 문제해결을 위해 빈 칸을 채워 넣는 정도의 능력을 갖추는 것을 지식이라고 생각한다. 좋은 대학의 졸업장이 지식이라고 여기는 사람들은, 좋은 대학의 졸업장을 가지고 그럴듯하게 보이는 직업과 직장을 찾아서 운명을 바꾸려고 시도한다. 하지만 무엇을 위해서 공부를 하는지, 어떻게 공부를 해야 하는지, 무엇을 공부하면서 세상에 내 이름 석 자를 남길 것인지 고민해본다면 학벌 자체가 중요하지 않다는 사실은 금방 깨닫게 된다. 사회적으로 성공한 사람이 되려면 학벌과 수많은 지식들이 필요할 수 있을지 몰라도, 지금은 학벌과 지식보다 생각을 깊게 하는 사람이 더 크게 성공하는 시대이지 않은가.

평소 꾸준히 생각하는 습관을 들여놓은 사람과 생각하는 습관을 들이지 않은 사람은 눈빛부터 차이가 나는 법이다. 아이들에게 교육을 할 때 내가 줄곧 요구하는 것들이 있다.

1. 글씨를 예쁘게 쓰려고 하지 말고 힘 있게 쓸 것

2. 어떤 것을 배우고자 한다면 10번이고 20번이고 30번이고 책이 닳을 때까지 계속해서 반복할 것

3. 손에서 책을 놓지 말 것

등이다. 그렇게 행동하는 것만으로 생각할 수 있는 구조가 만들어진다고 생각한다.

세 번째는 생활의 소소한 부분들을 살펴보는 것이다.

평소 어떻게 생활하고 있는지 잘 살펴보면 그 사람의 대강을 알수 있다. 정답은 아닐지라도 가까이 두고 지낼 사람인지 아닌지가 판가름 난다는 말이다.

내가 아는 어떤 분은 대학에서 체육을 전공하고 수영강사로 근무하던 분이었다. 날렵한 몸에 실력도 좋아서 운동이라면 못하는 게 없었다. 가정환경이나 본인의 생활에 별다른 문제가 있는 사람도 아니고 성격도 좋은 사람이었다. 문제는 술이었다. 이분은 매일 저녁마다 술을 마셨다. 밤마다 술을 마시니 제대로 된 대화가 이루어질 리 없었고 술만 마시면 함부로 말을 하고 시비를 걸었다. 30대 초반만 해도 아직 젊으니 저럴 수 있겠다 싶었지만 나이가 마흔이 넘도록 제대로 된 직장도 얻지 못하고 수영강사만 하고 있었으니 도대체 뭐하는 사람인가 하는 의심만 들었다. 이후 내가 거주지를 울산으로 옮기면서 자연스럽게 연락이 끊어졌는데, 지난해 추석 때 고향에 갔다가 우연히 길거리에서 마주쳤다. 수영강사를 할 때 날렵한 몸은 온데간

데없고 야시장에서 도깨비방망이를 팔면서 하루하루 생활하고 있었다. 그 사이 큰 병을 얻어서 등에는 혹도 커다란 게 생겼으니, 이전의 모습은 찾아볼 수 없었다. 또 다른 어떤 사람은 준수한 외모와 자상한 성격으로 좋은 인상을 주었지만, 입에 담을 수 없는 수준 낮은 욕설과 음란한 댓글들로 가득한 SNS를 보고 나서 마음이 바뀌었다. 중요한 것은 외모가 아니라 내면이라는 것을 알게 해준 경험이었다.

그 외에 사용하는 어휘가 어떤지 살펴보는 것도 좋은 방법이고, 전체적인 느낌으로 그 사람을 알 수도 있다. 내가 아는 어떤 분은 양복에 넥타이를 맨 모습 외에 평상복을 입고 있는 모습을 거의 본 적이 없는데, 각국의 정상들과 장관들과도 친밀한 관계를 유지하셨다. 그분은 무엇보다 누구나 알아들을 수 있도록 아주 쉬운 어휘를 사용해서 이야기하셨는데 몇 마디 이야기를 나눠보면 생각을 매우 깊게 하는 분이라는 느낌을 받았다. 단 한 번도 힘들거나 어렵다고 이야기하신 적이 없었고, 오직 긍정적이고 소망으로 가득 찬 말씀만을 전하셨다.

지식을 통해서 얻을 수 있는 것은 분명히 많고, 그로 인해서 인생의 여러 부분에서 달라지는 것도 많다. 무엇보다 지식의 근본 성질은 문맹에서의 탈피다. 글을 읽을 줄 알고 쓸 줄 아는 것은 인간으로서 필요한 최소한의 규칙이다. 그리고 기본적인 수학 능력을 쌓을 수도 있고, 사회에서 생존하기 위한 기본 지식과 능력을 계발시킬 수도 있다. 무엇보다 먹고 살 수 있는 여러 가지 길을 찾는 데 지식이 많은 도움이 된다. 시대가 아무리 변한다고 해도 학벌이 좋은 사람을 무시하는 사람은 없다. 과정이야 어떠했든지 그 사람의 수고와 노고에 대한 인정은 반드시 필요하기 때문이다. 하지만 생각하는 방법을 터득하는 것은 지식을 쌓는 것보다 훨씬 중요한 문제다. 한 사람의 성공에서 전공 지식이 차지하는 부분은 15%에 불과하지만 나머지 85%의 성공요소는 인맥에 있다고 이야기한 데일 카네기의 말처럼 생각하는 방법을 배우면 굉장히 많은 사람들을 얻을 수 있다.

잘 아는 지인이 이렇게 이야기해주신 적이 있다.

"모든 사람이 칼 루이스처럼 빨리 달릴 수 없다. 선천적 한계가 있기 때문이다. 그러나 사고의 세계에서는 칼 루이스보다 10배 100배 빨리 앞서나갈 수 있다. 생각해라."

어릴 때부터 생각하는 사람을 만들어주는 것은 매우 중요한 일이다. 나는 아이들을 교육하면서 늘 생각하는 부분을 강조해왔다. 어릴 때부터 생각하는 습관이 들지 않으면 나이가 들면 그 습관이 그대로 유지된다. 생각하는 부분의 장점에 대해서는 이후에 몇 번 더 설명하고 있는데 특히 대화와 소통에 대해서, 타인의 마음을 헤아리는 부분에 대해서 자세하게 설명하고 있으니 참고하자. 우리가 해야 할 일은 생각하는 사람을 만드는 것이다. 생각하는 사람을 만드는 것은 그 사람의 인생뿐만 아니라 그 사람과 함께해야 할 다른 사람들을 위해서도 중요한 일이다.

생각한다는 것의 의미

그럼 생각한다는 것의 의미는 무엇일까?

잘 아는 지인이 대학 시절 논술강의를 들은 이야기를 하면서 "학창시절에 배웠던 그 어떤 논술 수업보다 수준 높은 강의였다."고 극찬한 적이 있었다.

얼마나 대단했기에 그렇게 수준이 높았는지, 어떤 식으로 강의를 진행하는가 물어봤더니 책 한 권을 가지고 이야기를 하는데 어느 단락을 읽고 나서 학생들과 그 단락에 대해서 끊임없이 토론을 하는 식의 수업방식이었다고 이야기해주었다. 교수님은 이미 그 책에 대해서는 완벽하게 이해하고 분석까지 되어 있는 상태였기 때문에 그 수업 중에는 그 책에 나오는 내용만으로 토론을 진행할 수 있었고 그렇게 수업을 했다고 한다. 물론 다양한 예시를 들어가면서 수업에 필요한 내용들을 보충했겠지만 '기본적으로 책에 나오는 작가가 무슨 마음으로 책을 썼는지 분명하게 알아야 똑같은 마음으로 토론을 할 수 있다'는 논리로 강의를 진행했다는 이야기였다.

논술은 어떤 문제에 대해 자기가 생각하는 주장을 논리적으로 설명하는 것을 의미한다. 학창시절에 논술시험을 잘 보기 위해서 준비하는 그런 논술이 아니라, 살면서 가장 중요한 능력이 어쩌면 논술능력이 아닐까 생각될 정도로 논술을 잘하는 능력은 인간관계를 쌓는 데 있어서 매우 중요한 대화의 핵심이 된다. 살면서 평생 배워야 하는 기술 중에 하나가 논술에 대한 기술이라고 생각한다. 논술 그 자체가 토론, 대화, 경청의 기준이 되는 공부이기 때문이다.

간혹 '말을 조리 있게 하는 사람'을 본 적이 있을 것이다. 혹은 서점에 나오는 초대형 베스트셀러 책들 중에 그런 책들이 있다. 분명히 어려운 내용이 아닌데 일단 집어 들고 읽다 보면 술술 읽혀지는 그런 책들, 읽고 나면 '이 책대로 해봐야겠다' 하고 생각이 들어지도록 하는 내용을 썼는데 내용 자체는 별로 어렵지 않은 그런 책들 말이다. 이런 걸 보고 '글 잘 쓴다, 말 잘한다'라고 표현되어야 하겠지만 그 이전에 논리적으로 생각을 정리해서 이야기할 수 있는 능력이 있는 사람이라는 뜻도 될 것이다. 타고난 경우도 있겠지만 대개는 엄청난 노력으로 개발시킨 케이스라고 할 수 있다. 말을 아무리 잘하고 글을 아무리 잘 써도 본인이 노력하지 않으면 사라지는 것이기 때문이다. 타고난 기술이 아니라는 말이다. 결국 배움을 통해서 형성되는 건데 배우기가 쉽지 않다. 생각하는 사람을 찾기가 어렵기 때문이다.

공교육을 받고 사회인이 된 사람 중에 교육의 중요성에 대해서 모르는 사람은 없다. 살면서 필요한 지식과 아울러 인간으로서 지켜야 할 규칙과 도리들을 알려주는 곳이기 때문이다. 하지만 오늘날 교육기관이라고 불리는 대부분의 학교나 학원은 학생들에게 지켜야 할 도리와 지혜, 생각하는 방법을 알려주기보다는 비인간적인 교육방식과 주입식 교육으로 얼룩져 있다는 것을 인정해야 한다. 학생뿐만 아니라 교사에게도 그런 교육방식은 반드시 고쳐져야 할 부분이며 주의해야 할 오점이다.

학창시절 선생님들 중에는 정말 위대하다는 표현 이외에 달리 어떻게 표현해야 할지 모를 정도로 우수한 분들이 계셨던 반면, 교사의 탈을 쓴 위선자와도 같은 존재라는 느낌을 강하게 주는 분들도 많이 계셨다. 강한 훈계와 체벌이 가능했던 20년 전 이야기지만 강제적으로 주입되는 지식에 지쳐서 하루하루 버티는 마음으로 학교를 다녀야 했던 기억이 강하게 남아 있어서인지 지금도 학교의 울타리를 보더라도 별다른 신뢰가 가지 않는다. 학생은 시간이 지나면 본인의 원함과 상관없이 자신의 일에 책임을 져야 할 성인이 되고 누군가를 가르치고 배움을 얻는 길을 걷게 되겠지만, 교사는 학교라는 울타리 내에서 대부분 평생을 보내며 새로운 성인을 만들어야 하지 않는가. 교사임에도 생각할 기회가 없다는 것은 위험하다.

건강상의 이유로 일을 그만두게 된 한 여교사는, 내게 업무와 학생들에 대한 인수인계를 하는 중에 편부모 슬하에서 성장하느라 마음이 삐뚤고 어두워진 남학생을 보고 이렇게 이야기했다.

"선생님, 쟤는 가만 놔두면 안 되고 혼을 많이 내야 되요. 애가 거짓말도 잘 치고, 얼마나 철딱서니가 없는지 몰라요. 나중에 커서 뭐가 될지 몰라. 아주 무섭게 해야 겨우 따라오는 그런 애니까 관리 잘하셔야 돼요."

선생님의 면전에서 인격비하의 발언을 고스란히 듣고 있던 그 학생은 책을 구겨서 집어던지고 교실 밖으로 나가버렸는데, 그 여선생님은 "저 봐라, 버르장머리 없는 꼬라지하고는." 하고 혀를 끌끌 찼다. 누구에게도 존중받지 못하는 교사의 전형적인 모습이었다.

교육일을 하면서 많은 경험을 하게 된다. 많은 사람들을 만나고 많은 이야기를 나눈다. 존중받아 마땅한 사람들도 보이는 반면, 눈살을 찌푸리게 하는 사람들도 만나게 된다. 매우 다양한 사람들이 교육계에서 종사하고 있다. 그러나 교육을 하면서 견딜 수 없이 속상한 것은, 교사들 중에서 많은 분들이 생각하는 방법과 절제하는 방법을 모르는 것을 볼 때 답답함을 많이 느낀다.

현직 교사들 중에는 나이가 50이 넘고 60이 넘은 그런 교사들도 있다. 오랫동안 다른 사람들을 교육하는 일을 해온 분들이다 보니 경험과 노하우는 깊은데 정작 자신을 가르치는 일보다 남을 가르치는 일에 집중하다 보니 본인의 인성은커녕 감정 관리조차 제대로 못하는 경우가 굉장히 많다. 교육하는 교사들 중에 인성의 중요성을 모르는 사람이 얼마나 있겠는가? 그러나 인성교육진흥법이 시행된 지수 년이 지난 지금, 아이들을 가르치는 교사들 중에서도 기본 인성조차 갖추어지지 않은 사람이 너무나 많다는 사실은 놀랄 만한 일이다.

'저런 사람이 교사를 하나?'

'저런 사람들이 가르치는 애들은 어쩌지?'

그런 사람이 너무 많다.

사람이 다 같을 수는 없기 때문에 다른 교사에 대한 불평스러운 마음이 들 때가 있을 것이다. 나랑 맞지 않는 경우도 있고 어울리지 못하는 경우도 있다. 때론 이해하는 힘이 부족해서 삿대질하고 싸우는 경우도 있다. 작은 생각이 올라와도 이겨내질 못해서 욕하고 싸우는 경우도 있고, 교사답지 않은 복장과 헤어스타일, 심지어 마인드까지 최악인 경우도 많이 만난다.

자기관리가 안 되는 교사가 엄청나게 많다. 외모로만 드러나는 건 아니다. 몇 마디 말을 섞어보면 그 사람의 마인드가 어떤지, 정신이 어떤 사람인지 바로 알 수 있다. 사람의 마음은 이야기를 나눠보면 금방 드러나게 되어 있다. 모든 사람에게는 마음을 읽을 수 있는 능력이 조금씩은 형성되어 있기 때문이다.

교사라고 다른 게 있을까? 자신이 공부하고 가르치는 분야에서 약간의 전문성을 가지고 있을 뿐이지 인간 대 인간으로 봤을 때 교사라는 직업은 숭고한 봉사정신 외에는 그 이상도 그 이하도 아닌 일이다.

고등학교에서 25년간 근무해 오신 한 지인분이 이런 이야기를 해주셨다.

"교육계는 이미 죽었다."

아무리 창의력이다 뭐다 해도 절제가 안 되는 교사는 더 이상 쓸

수가 없다. 자기 관리가 안 되는 교사, 끊임없이 공부하지 않고 대충 편하게 생활하는 교사, 정신이 썩은 교사, 다 잘라내야 되는 게 교육계다. 교육업은 누구나 할 수 있지만, 아무나 해서는 안 되는 일이기도 하다.

사전에서 '절제'라는 단어를 찾아보면 '정도에 넘지 아니하도록 알맞게 조절하여 제한한다'는 의미를 가지고 있다.

초등학교 3학년 여름으로 기억하고 있다. 같은 반 친구랑 축구를 하다가 친구가 넘어져서 다리를 좀 다쳤다. 절뚝거리는 친구를 데리고 교무실로 들어갔는데 마침 교감선생님과 몇몇 선생님이 자리에 계셨다. 휴일이었는지는 잘 기억이 나지 않지만 '선생님들이 계셔서 다행이다.'라고 생각했던 기억이 난다. 자초지종을 이야기하고 친구를 데리고 왔다고 하니 교감선생님이 나에게 물었다.

"너는 뭔데?"

초등학교 3학년이었기 때문에 뭔가 장난스럽게 말하고 싶은 생각도 들었고, 무엇보다 다친 친구를 데리고 왔기 때문에 보호의 의무가 있다는 생각, 그리고 보호자라는 말의 정확한 의미를 모르고 나는 "저 친구 보호자입니다."라고 이야기했다.

교감 정도 직책에 있는 사람이면 초등학교 3학년 학생의 실수에 무엇이라고 대답해주면 좋을까? 정답은 없어도 이렇게 이야기하는 게 적합한 대꾸가 아니었을까 싶다.

"아 그래. 보호자는 그런 의미가 아니고 부모님이라는 말이야. 친구한테 그런 표현을 쓰는 건 잘못된 거야. 그래도 아픈 친구 데리고 왔으니 보호자라고 할 만도 하네."

초등학교 3학년 학생의 실수에 자상하게 설명해주고 농담도 한마디 나눌 줄 아는 사람이었더라면 교육자라는 일이 얼마나 위대한 일인지에 대해 더 진지하게 생각해봤을지도 모를 일이다. 그리고 훨씬 덜 부끄러운 마음으로 나 역시 웃고 나왔을 텐데, 당시 교감선생님이란 사람이 이렇게 이야기한 게 지금도 기억이 난다.

"미친 놈 아니야? 니가 얘 보호자야 이 새끼야? 나가 인마!"

평소에 인상도 좋고 선하게 생긴 분이라 '좋은 분이겠구나' 하고 생각했는데, 25년이 지난 지금도 또렷하게 그때의 장면이 생각난다. 나이가 지긋하시던 그때의 교감선생님은 학생을 어떻게 대하는지도 모르는, 교감의 자격도 없는 사람이었다. 그리고 그때 나의 부축을 받으며 교무실에 들어갔던 친구는 대학에서 영문학을 전공하고 난 뒤, 자신이 졸업한 모교인 경북 안동의 어느 고등학교에서 영어선생님으로 재직하고 있다.

교육계에는 이렇게 절제가 안 되는 사람들이 엄청나게 많다. 중요한 것을 놓치고 사는 셈이다. 교사는 다른 사람을 가르치는 사람이다. 본인 스스로 노력하지 않는다면 자기 자신을 돌아볼 기회가 없다. 교사가 스스로 절제가 된다는 건 순 거짓말이고 말도 안 되는 소리가 아닐까. 본인이 절제가 되는 사람인지 아닌지는 주변 사람들이 아는 것이지, 본인이 생각하기에 배려심이 깊고 절제가 되는 사람인지 아닌지 안다는 것은 판단의 오류가 많은 위험한 생각이다. 아이들에게는 절제하라, 배려하라 이야기하고 훈계하면서 정작 스스로는 그렇게 살아가지 못하는 모습을 보면 교육자라는 사실이 부끄럽게 여겨질 때도 있다. 본보기가 되지 못하는 교육자인 셈이다.

이전에 교육기관에서 함께 근무하던 어떤 분은 연세가 60이 넘은 베테랑이었다. 이분은 자신이 오랫동안 근무했다는 자부심이 너무 강해서 다른 사람들의 말을 전혀 듣지 않았다. 학생들을 대할 때도 감정에 치우쳐서 이야기하는 경우가 너무 많았고 심지어 학생의 가정사에 대해 욕을 하며 소리치는 경우도 종종 있었다. 그런 분들은 주변의 교사들이 싸워주고 훈계도 해주면서 본인의 모습을 돌아볼 줄 알도록 이끌어주어야 하는데 그렇게 해줄 수 있는 사람들도 주변에 없었다. 어머니뻘 되는 분이었지만 학생들과 교육기관을 위해서 끊임없이 싸워주고 방향을 잡아주려고 부단히 노력했다. 오랫동안 교육하는 일만 해온 분이었기에 자신을 돌아볼 만한 눈이 없었고 작은 쓴소리도 들을 수 없었기에 어려움이 많았지만 나중에는 조금씩 나아지는 모습을 보여주었다.

어떤 교육기관에 속해 있든지 교육일은 크게 어려움 없이 살 수 있는 좋은 직업 중에 하나다. 본인만의 노하우와 함께 교육에 대한 철학을 가지고 적당한 규모의 학원이나 교육센터를 창업해서 원장님 소리 들어가면서 사는 것도 괜찮다. 교재연구도 해야 하고 영업도 필요하지만 교사라는 이름에는 기본적으로 지적인 풍요로움이 담겨 있다.

참 괜찮은 직업이다. 하지만 자기 절제가 안 되면 근근이 풀칠하면서 사는 게 교사라는 직업이다. 자기 절제가 안 되면 실력이 월등히 뛰어나든가, 영업력이 좋든가, 말재주가 좋아야 한다. 이도저도 아니라면 교사라는 직업은 참 힘든 직업이 될 수 있는 일이다.

교사는 많은 걸 갖춰야 한다. 교육도 잘해야 되고, 학생들 성적관리와 상담도 잘해야 되고, 공부도 많이 해야 하며, 연구도 많이 해야 한다. 무엇보다 자기관리와 절제가 제일 중요하다는 사실은 말할 것도 없을 것이다. 절제는 깊이 있게 생각하면서 만들어지는 마음의 습관이다. 절제하지 않는 교사는 그 누구에게도 인정받지 못하는 수준 낮은 교사가 되고 만다. 생각하지 않는 사람이라는 의미를 내포하고 있기 때문이다.

교실에는 어디에나 부족한 아이들이 있기 마련이다.

자폐성 짙은 아이들, 말이 유독 많은 아이들, 고집이 센 아이들. 그런 아이들도 다 품을 수 있는 마인드가 있어야 참된 교사라고 할 수 있지 않을까. 교육의 일이 힘들다는 것도 인정하지만 아이들은 어른과 다르다는 것과 무엇보다 그들에게도 마음이 있다는 사실을 인정해야 할 것이다. 오늘 아이들에게 어떤 말을 했는지, 혹 무시하는 마음으로 아이들을 대하지 않았는지 한 번쯤 나를 되돌아보고 생각해본다면 많은 변화가 있지 않을까 생각해본다.

교사는 매년 돌아오는 스승의 날 때 카네이션 받는 존재가 아니다. 돈을 받아서도 안 되고, 오직 존경받아야 하는 성품을 갖춘 사람이어야 할 것이다. 늘 책을 가까이 해야 하며, 자신을 개발시킬 수 있는 능력도 필요하다. 무엇보다 아이들을 돌아보면서 나도 돌아볼 줄 아는 사람이어야 할 것이다. 그러기 위해서는 집중해서 생각하는 습관이 반드시 필요하다.

교사는 기본적으로 학생들의 입에서 따뜻한 소망과 진실한 믿음이 나올 수 있는 길을 제시해줄 수 있는 존재여야 한다. 생각할 수밖에 없는 두뇌를 만드는 일, 교사의 앞에서 격식을 차리지 않고 이야기할 수 있는 마음을 만드는 일, 지적 호기심이 왕성하게 형성될 수 있는 길을 제시하는 존재로서의 권위가 있어야 할 것이고, 그러기 위해 자기 자신을 가르치는 일을 게을리하지 않는 존재여야 할 것이다. 작고 연약한, 하지만 결국은 한 인간으로 성장하기 위해 나에게서 가르침을 받는 순수한 마음을 가지고 있는 아이들이라는 존재에게 깊은 사고를 꾀할 수 있는 길을 제시하기 위한 노력을 지속해야 할 것이다.

교육의 길은 많지만 기본적으로 교육을 통해 인간을 변화시킨다는 점은 어느 시대라도 다르지 않다. 어느 시대, 어느 국가에서든지 교육은 기본적으로 인간을 변화시키는 것에 중점을 두고 있다. 그렇다고 단순히 암기식, 혹은 주먹구구식 교육만으로 인간이 바뀔 수는 없다. 교육 본연의 보수적 가치와 아울러 진실한 마음을 담아 이야기를 하는 것이 중요하다. 교사와 학교, 혹은 기타 교육기관에 대해 아이들은 기본적으로 배울 마음을 갖고 있다. 나이가 들수록 점점 쇠퇴해지는 경청의 자세가 아이들에게는 기본적으로 내재되어 있는데 그

내면을 들여다보면 그 속에는 교사에 대한 존경심과 경청에 대한 신비로움보다는 두려움과 교사에 대한 이유 없는 복종의 의미가 담겨 있다. 그럼 어떻게 아이들의 마음을 열고 대화할 수 있을까?

가장 좋은 방법은 교육이라는 울타리 내에서 아이들에게 진실한 마음과 열린 자세를 갖고 모든 것을 스스럼없이 드러내는 것이 아닐까 싶다. 모든 아이들이 공감할 수 있는, 교육이라는 테두리 내에서 공개적으로 아이들에게 진심을 담아 이야기하는 게 가장 효과적인 방법이다. 어린 아이들에게는 지식과 지혜로 충만해 보이는 교사로서의 권위보다 인간적인 따뜻함, 어수룩하고 부족해 보이는 행동과 아울러 눈을 깊이 바라보며 사랑과 진실을 담아 이야기하는 것이다.

다소 엄격하고 권위적인 가정에서 교육을 받거나 부모의 크고 작은 문제로 마음에 상처가 있는 아이들, 혹은 타고난 성격 탓에 자신을 드러내기 어려워하는 아이들도 있는데, 누구나 마음이라는 세계는 존재하고 느끼는 감정은 동일하므로 학생 개개인에 맞춰 교육을 진행하거나 마음을 전하는 교육을 하는 것도 필요할 것이다. 쏟아져 나오는 수많은 책들 중에서 단연 빛나는 자서전과 수많은 위인들의 어록들, 혹은 수백 년이 지나도 그 가치가 변함없는 권위 있는 고전들을 즐겨 대하며 얻어지는 지혜와 마음에 획을 그을 수 있는 문장들을 얼마간 마음이나 노트에 품고 있을 수 있다면 세밀하게 풀어서 이야기해주는 것도 좋은 방법이다. 오랜 세월 깎이지 않고 전해져 내려온 말과 글에는 특유의 권위와 신뢰라는 힘이 밑바탕에 깔려 있으므로 아이들에게 안심하고 전해주는 것이 좋다.

학생들에게 스스로의 노력에 대한 분명한 성과를 칭찬하며 그에 대해 적절한 보상을 해주는 것도 필요하다. 금전적 여유가 있다면 더욱 좋겠지만 작은 선물과 아울러 거짓이 없는 칭찬, 앞으로의 도전으로 얻을 수 있는 긍정적 효과들을 이야기하는 것은 큰 위안이 된다.

학교와 학원에 다니는 목적이 교사를 통해 구체적으로 제시되지 않는다면 그런 교육기관에서 배울 수 있는 지식과 지혜의 범위도 한정될 것이다. 국어와 영어 같은 언어를 왜 공부하는가? 수학은? 사회와 과학은 왜 공부하는 것인가? 풍부한 감수성과 창의력을 배양하고, 타인에 대한 따뜻한 동정심을 갖춘 인재상이 되기 위한 교육을 받기 위해 학교나 학원에 다닌다고 이야기하는 교사는 아무도 없고 이전에도 없었다.

자상하고 다정한 남편이나 아내가 되기 위해, 혹은 저 먼 아프리카 판잣집에 살면서 10개국 언어를 할 줄 아는 이름 모를 18세 소녀에게 희망이 되기 위해 노력하며, 타인의 고통과 아픔에 관심을 갖고 그들을 도울 최선의 방법을 배우기 위해 교육을 받는다는 말을 하는 사람도 없다. 교사는 그저 기계적으로, 묵묵히, 인간의 창의성과 도덕적 가치보다는 하루하루 주어진 시간에 출근해서 교과서를 풀어주고, 틀린 문제를 고쳐주고, 힘이 되지 않는 적당한 상담과 더불어 희망을 찾아볼 수 없는 김빠지는 야단을 칠 뿐이다.

대부분의 학교와 학원은 그 모든 것을 제공한다. 마음에 충만한 지혜와 정제된 지식, 진실한 마음으로 이야기하는 방법을 아는 위대한 부모들에게서 교육을 받은 학생들 이외의 대부분의 학생들은 교육을 통해 큰 변화를 얻지는 못한다. 지금보다 조금 덜 세련되었고 조금 덜 자유로웠던 시스템에서 학창시절을 보내는 동안 마음의 힘을 기르는 방법을 배우지는 못한 대부분의 부모와 교사를 통해 아이들은 좁은 식견으로 편견을 배우고, 소셜 네트워크와 범람하는 모바일 게임, 그리고 10년이 넘는 시간 동안 획일적인 주입식 교육을 통해 성숙된 두뇌와 건강한 정신을 만들 수 있는 기회를 놓치기 쉽다.

여기에서 우리는 황농문 교수가 이야기한 사고의 중요성에 대해서 생각해볼 필요가 있다. 비단 학생뿐만 아니라 인간에게는 개개인에게 주어진 환경에 따라 사고의 폭이 넓어질 수도 있고 좁아질 수도 있다. 살면서 개개인에게 주어진 객관적 사실이나 만날 수 있는 문제의 비중은 같더라도 이로부터 끄집어낼 수 있는 결정적 결과물은 개인의 사고력에 따라 큰 차이가 날 수 있다는 것이다. 학교나 학원에 다니는 목적으로 사고의 폭을 넓히는 것과 그에 대응하는 강한 마인드를 형성하는 것이 얼마나 중요한 것인지를 알 수 있는 부분이다.

학교나 학원의 설립과 교사 채용에 대한 생각은 모두 다르겠지만 기본적으로 존중받고 배려 받을 수 있는 차원의 사업과 직업군이다. 어떤 면에서 일반적인 사회와는 조금 다른 세계라고 볼 수 있다. 타인을 교육하는 일을 하는 사람에게서 흔히 느껴지는 지적 여유로움, 스스로를 성장시키기 위해 노력하는 자세, 교사의 권위에서 풍기는 일종의 품격이 그런 부분을 말해주고 있다. 교수라는 직업이 준 궁극적인 선물은 명예나 가치보다 과거보다 더 우수하고 혁신적이기 위해 앞으로 해야 할 일을 강력하게 추진할 수 있는 자유(앞의 책, p. 212)이며 생각하는 것의 기쁨과 매력을 매번 느끼는 젊은 지성들을 섬기는 안내자의 역할(앞의 책, p. 232)이라고 하버드대 법학대학원 석지영 교수는 이야기했다.

사회적 관점에서 봤을 때 교수와 교사간의 지적 능력에 대한 차이점을 가늠해볼 수는 있을지 몰라도, 기본적으로 인간을 교육하는 존재라는 점에서 교수나 교사, 학원 강사도 별반 차이가 없다. 획일화된 공교육에서의 탈피나 경제적 풍요로움을 위해 교직을 버리고 학원 강사로 활동하는 엘리트들이 수두룩하게 많은 시대에 우리는 살고 있다. 심지어 그들의 학벌이나 지적 깊이가 공교육에 종사하는 교사들과 비교할 수 없을 정도로 뛰어난 경우도 볼 수 있다.

교육업과 교육기관은 매우 아름답고 낙관적인 시각으로 보이는 곳이다. 건강하고 매력적인 인간을 창조하는 곳, 기쁨과 활기가 넘치고, 소망과 희망을 이야기할 뿐만 아니라 부담을 뛰어넘고 새로운 세계를 창조할 수 있는 곳으로 보인다. 활기찬 토론과 대화, 충만한 지혜의 장, 마음껏 꿈을 이룰 수 있는 곳으로 알려진 곳이 학교이며 교육기관이다. 어쩌면 학교는 가장 저예산으로 학생들을 도맡아 기를 수 있는 하나의 사회이자 큰 울타리인지도 모르겠다.

하지만 우리나라의 청소년 자살률은 OECD 회원국 청소년들의 평균 자살률보다 3배나 높고 영국이나 멕시코 국민 전체 자살률보다도 높다. 심지어 교통사고 사망으로 인한 사망률보다 자살로 인한 사망률이 더 높다. 10년째 청소년 사망원인 1위가 자살임에도 불구하고 개선될 기미는커녕 어떤 변화도 없다.(SBS뉴스, 2018. 04. 26.) 아름다운 인간으로 태어나 마음의 꿈을 펼쳐보지도 못한 채 두려움만 안고 안타까운 생을 마감하는 경우가 우리 주변에서 발생한다.

교사는 학생에게, 교사뿐만 아니라 부모들도 사랑하는 자녀들에게 이렇게 이야기할 수 있다.

"공부해서 남 주니? 다 너 좋으라고 하는 건데 그렇게 싫어? 그런 문제 안 가지고 있는 사람이 어디 있니? 다 가지고 있어, 너만 힘든 거 아니야. 좋은 대학 가서 성공해야지. 언제까지 힘들어하기만 할 거야? 지금은 공부를 해야 할 때야!"

타의 모범이 되는 도덕적 생활, 자기 계발 같은 분야와 전혀 관계가 없는 사람일지라도 가장 쉽게 할 수 있는 게 옳은 이야기와 훈계다. 어째서 대부분의 사람들은 본인의 지적 성장과 발전은 뒤돌아볼 생각도 하지 않은 채 빛 좋은 개살구 같은 이야기만 아이들에게 늘어놓는 것인가? 만약 학생들이 지금보다 더 나약하고 부족한 교사의 모습과 학교의 모습을 발견한다면 학생들의 우울증과 자살률도 지금보다는 낮아지지 않을까 짐작해본다. 나약하고 부족한 모습? 그런 교사와 그런 학교? 도대체 무슨 말을 하는 건가 싶겠지만

석지영 교수의 놀라운 경험이 그런 경우를 뒷받침해주고 있다.

석 교수는 하버드대학교 법대 교수가 된 첫 해의 어느 날, 지각하지 않기 위해 뛰어가다가 학생들이 앉아있는 강의장 한가운데에 얼굴을 맞대고 넘어진 뒤, 그 학기의 전반적인 강의들이 이전 강의들보다 훨씬 성공적으로 이루어졌다고 이야기하며 한 문장으로 그 경험담을 마무리 지었다.

'우리는 다 인간이었다.'(앞의 책, p. 198)라고.

좋은 교육, 나쁜 교육

1898년 러시아 출신의 유대계 이민자의 아들로 태어난 윌리엄 제임스 시디스는 생후 6개월부터 스스로 말을 배워서 이야기를 할 수 있었는데 18개월에는 《뉴욕 타임스》를 스스로 읽을 수 있을 정도로 빠른 어학능력을 보였다. 네 살 때는 카이사르의 《갈리아 전기》를 낭독하고 호메로스의 《일리아스》를 읽을 수 있는 능력을 보였는데 그때 만들어진 월등한 두뇌의 수준은 8살 때 호메로스의 《일리아스》를 인물별로 감정을 넣어서 읽을 수 있었던 역사적 천재 칼 비테 주니어보다 무려 4년이나 빠른 수치였다.

8살 때까지 독학으로 8개 국어(라틴어, 프랑스어, 영어, 그리스어, 러시아어, 히브리어, 터키어, 아르메니아어)를 섭렵했는데 이후 스스로 벤더어라고 하는 언어를 독자적으로 만들어 사용하기도 하는 등 천재적인 재능을 보였다.

1909년 하버드 대학교의 교수이자 그의 아버지였던 보리스 시디스를 따라 11살에 최연소로 하버드 대학교에 입학한 제임스 시디스는 12살 때 하버드 대학생들 앞에서 4차원 물체에 대한 강연을 하였는데, 당시 MIT 교수였던 다니엘 컴스톡은 '수학계를 이끄는 전설이 될 것'이라고 이야기한 바 있다.

1914년에 수학 전공으로 하버드 대학을 졸업한 그는 곧바로 대학원에 진학하여 수학공부를 계속했고 이후 하버드 대학교 로스쿨에도 진학했다. 하지만 불과 25년이 지난 뒤 그는 미국 동부의 한 마트에서 캐셔로 일하다가 46세에 보스턴에서 뇌출혈로 사망했다.

그의 인생은 왜 그렇게 흘러갔는가?

역사적 천재에 대한 언론의 과도한 스포트라이트, 초엘리트 집단 사이에서 최연소로 입학한 꼬마에 대한 동기생들의 강압적이고 불편한 시선들, 그리고 노동절 전쟁반대운동을 통한 18개월간의 징역살이와 같은 이유 때문에 그의 어린 시절은 끊임없는 마찰과 갈등뿐인 시간의 연속이었다. 교도소에서 석방한 뒤 부모는 정신병원에 가두겠다고 협박했는데, 그런 부모와 의절한 그는 부모를 피해 도망가서 하루하루 근근이 먹고 사는 은둔형 천재로 살아가야 했다.

이후에 책, 논문을 통해 천재적인 결과물도 남긴 그였지만 실패한 천재, 몰락한 천재로 불리는 그의 인생은 '과학적인 강제 교육의 아름다운 승리'라는 이름으로 《뉴욕 타임스》에 기사가 실렸고, 실제로 강제적인 교육의 폐해가 얼마나 큰 것인지에 대한 경각심을 일깨워주는 일화로 유명하다.

주목할 점은, 대부분의 사람들이 제임스 시디스의 이야기를 보면서 비슷한 반응을 보인다는 점이다.

거봐, 공부가 전부가 아니야.
교육 시스템에 확실히 문제가 있어.
어른들이 문제지, 어른들이 문제야.

마치 조기교육이 얼마나 위험한 것인지, 불세출의 천재성을 가진 한 사람의 인생이 과학적인 교육 시스템의 문제로 인해 나락으로 떨어진 것처럼 이야기하는 경우가 대부분이고, 시작이야 어쨌건 결과적으로 사람들의 기대에 못 미치는 결과를 보여준 그의 인생에 대해 한탄과 조롱을 던지는 사람들도 있다.

하지만 정말 그런가 살펴보자. 제임스 시디스의 몰락과 실패가 정말 교육 시스템의 문제인가? 자녀교육을 제대로 못시킨 부모의 문제이며, 어른들의 문제인가? 조금만 생각해보면 그렇지 않다는 것을 금방 알 수 있다.

정치적 박해를 피해 미국으로 이주해온 경우이긴 했지만 제임스 시디스는 전형적인 유대계 집안에서 태어난 인물로, 초엘리트 부모에게서 다양하고 풍성한 교육을 받은 케이스다. 어린 시절에 8개 국어를 독학했다는 부분에서 언어적 능력이 굉장히 탁월하고 우수하다는 것을 알 수 있지만 '부모님의 머리가 좋아서 유전자가 좋았을 것'이라고만 추측하기는 힘들다. 부모님의 사회적 지위와 상관없이 삐

뚫게 성장한 경우도 생각보다 많기 때문이다. 영어의 기원이 지금은 일부 지역에서밖에 쓰이지 않는 라틴어에서 비롯되었고 그 외 프랑스어와 그리스어도 라틴어에 그 뿌리를 두고 있다는 것을 감안했을 때, 라틴어로 고전을 읽게 하고 생일선물로《갈리아 전기》라틴어 원전을 선물하는 등 굉장히 폭넓은 사고관을 형성시켜준 부모의 역할은 무시할 수 없는 영향력을 보여주고 있다.

최근 라틴어에 흥미가 생겨서 서울대학교 전상범 명예교수의《라틴어 입문》이라는 책을 사서 공부하고 있는데, 라틴어를 공부할수록 인문학적 시야가 굉장히 넓어지는 것을 느꼈다. 그럴 수밖에 없는 것이 라틴어로 쓰인 고전작품들이 모두 로마와 그리스의 역사, 혹은 신화적인 요소들에 대한 내용들을 담고 있을 뿐만 아니라 라틴어에서 파생되어 형성된 영어 단어들조차 일반인들이 이해할 수 없는 매우 수준 높은 단어들이 대부분이었기 때문이다. 늦었다면 늦은 나이에 제3외국어를 배우려고 노력하는 과정에서 라틴어 몇 문장 외우는 것만으로 얻어지는 문학적 소양도 대단한데, 겨우 걸음마를 시작할 나이에 접한 고대 언어와 그를 통해 얻은 다양하고 풍성한 인문학적 능력이 그의 성장에 있어 얼마나 큰 기폭제가 되었을 것인가 상상하기는 어렵지 않다.

그리고 그때는 세계 1차 대전이 발발하던 시기였다. 16살이 되던 해인 1914년에 세계 1차 대전이 발발했는데, 그 해에 그는 하버드대학을 졸업하고 대학원에 진학했다고 하니 그의 가정교육은 일반인들이 쉽게 상상할 수 없는 하이레벨의 교육방식을 추구한 것이었다고 볼 수밖에 없다. 게다가 당시는 지금처럼 하루 만에 전 세계를 돌아다 닐 수 있는 초연결시대도 아니었고, 인터넷은커녕 전화기도 실용화 되기 전이었다. 오직 유명인의 강연이나 뛰어난 책들과 같은 분야를 통해서만 다양한 문물을 받아들일 수 있었던 시대였으므로 지금보다 훨씬 더 강하고 수려한 정신세계를 고수할 수 있었다.

그러므로 단순 우울증이나 정신쇠약과 같은 정신적인 빈약의 측면에서 그의 인생이 몰락의 길을 걸었다고 재조명하기도 어렵다. 때문에 그의 인생 말년에 마켓에서 점원일을 하다가 뇌출혈로 사망한 것은 교육의 문제나 가정의 불화, 시대를 잘못 만난 뛰어난 천재의 비극적인 죽음을 다룬 영화 줄거리 이야기하듯이 그의 인생에 대해 쉽게 이야기하고 넘겨버리기엔 많은 결점이 있다. 정확한 분석을 하기는 어렵다 치더라도 자신을 둘러싼 엄청난 기대에 대한 부담감, 기대에 부응하지 못하고 시대를 피해 도망치려는 자식에 대한 분노와 원망을 표출하는 부모, 나이에 비해 엄청난 사고의 깊이를 가지고 있는 본인에 대한 질투심을 가지고 아니꼬운 눈빛으로 쳐다보았을 하버드의 천재들을 피해 숙고할 수 있는 자유의 공간을 찾아다니지 않았을까 생각할 따름이다.

위대한 교육은
무엇으로 이루어지는가

나는 '그가 어떻게 그토록 총명할 수 있었는가'에 대한 생각을 줄 곧 해왔다. 그건 타고난 영재라든지 부모님의 경제적 안정감으로 인한 다양한 측면의 교육을 받을 기회가 있었다는 점에서도 어느 정도 수긍할 만한 부분들이 있긴 하지만, 그것만이 절대적인 조건은 될 수 없다는 게 내 생각이다.

내가 생각하는 여러 가지 내용들이 결코 정답이 될 수는 없지만, 세계적인 두뇌를 가진 천재들의 전기와 생활패턴을 통해 느낄 수 있었던 공통적인 특징에 대해 생각해볼 수는 있을 것이다.

세계적인 두뇌를 가진 사람들이 그토록 천재적일 수 있었던 여러 가지 이유는 다음과 같다.

첫 번째 조건은 수준 높은 지식의 노출이다.

책을 좋아하는 사람이라면 호메로스의 《일리아스》나 《갈리아 전기》를 읽으면서 느껴지는 감동이 어떤 것인지 알 것이다. 4살 때부터 호메로스의 책을 읽고 터키어를 독학했다는 것은 총명한 어린 아이라고만 생각하기엔 부족할 정도로 사고의 밀도가 굉장히 촘촘하게 채워질 수 있는 어린 시절을 보냈다.

일반적으로 고전은 똑같은 언어로 쓰인 말임에도 일상생활에서 쉽게 접해볼 수 없는 굉장히 수준 높은 문화와 생활양식들이 등장하는 책들인데, 깊이 생각하면서 읽지 않으면 대강의 줄거리는커녕 무슨 말을 하는지조차 이해하지 못하는 부분들이 굉장히 많다. 다소 단순한 측면에서 생각해봤을 때 소크라테스의 《변론》 같은 책은 제목에서 알 수 있듯이 사형집행을 앞에 둔 죄인의 일반적인 자기변론과 주변인들과의 몇 마디 대화뿐이고, 세계 최고의 비극작품으로 일컬어지는 소포클레스의 〈오이디푸스왕〉 역시 단순한 대화와 음률을 알 수 없는 코러스의 노랫가사밖에 없는 연극대본일 뿐이라서 생각하지 않으면 그냥 오래전 책이구나 하고 느낄 뿐 제대로 이해하기도 어렵다.

그런 책을 어릴 때부터 꾸준히 접해온 사람의 뇌는, 한 페이지에 단어가 50개가 채 되지 않으면서 30페이지도 채 되지 않는 어린이용 추천 도서만을 읽어온 아이보다 두뇌의 성장이 빠를 수밖에 없다. 아무리 어린이 추천도서가 좋고 세상에 유명한 무슨 상을 받았다고 해도, 수천 년을 버텨낸 고전들에 담긴 지혜까지 담기엔 무리가 있다.

심지어 어린이용 추천도서를 만든 사람들 중에도 고전의 영향을 받은 사람들이 있는데, 고전의 반열에 올라도 손색이 없을 만큼 천재적인 경우도 있다. 우리가 흔히 알고 있는 산타클로스와 루돌프의 이야기를 처음으로 만든 클레멘트 클라크 무어 박사는 1800년대 초 컬럼비아 칼리지(현재 미국 아이비리그 중 하나인 컬럼비아 대학교)에서 그리스와 오리엔트 문학 교수로 재직하였는데, 뉴욕을 대표하는 거부이자 언어에 매우 조예가 깊었던 인물로 그리스문학과 고대문명, 신학에 대해서도 심도 깊은 지식을 가진 인물이었다. 더불어 이집트, 메소포타미아, 페르시아를 아우르는 고대서양사에 대해 심도 깊게 공부한 인물의 두뇌에서 나온 짧은 시는 그 자체만으로 '고전 동화'가 되어 200년이 지난 지금도 크리스마스의 감동을 전 세계 많은 사람들에게 전파하고 있다. 그런 책들을 꾸준히 접해오면서 생각의 폭이 넓어진 사람들이 어떤 삶을 살게 되는지에 대해 역사가 이야기해주고 있는 셈이다.

두 번째 조건은 교육방식이다.

콩쥐팥쥐 이야기에 대한 이해는커녕 글자 읽기도 버거워하는 초등학교 저학년 남학생에게 마르쿠스 아우렐리우스의 《명상록》일부분을 조금씩 읽게 했더니 굉장히 빠른 속도로 독해력이 올라가는 것을 볼 수 있었는데, 어떤 면에서 봤을 때 교육자 혹은 부모가 고전 혹은 학생을 대하는 태도가 어떠한지에 따라 학생과 자녀의 성장, 비성장이 나뉜다고도 볼 수 있겠다.

역사적인 천재 칼 비테 주니어를 기른 아버지 칼 비테는 아들에게 수학을 가르칠 때 0에 대해서 꾸준히 교육시켰다고 이야기했다.

더하기 0 혹은 1 더하기 아무것도 없는 것의 결과가 1이 될 수 있다는 사실을 교육했고, 1과 1을 더하면 2가 된다는 단순한 사실을 교육했는데 이후 짧은 시간 안에 본인만의 규칙을 활용해서 어려운 문제를 풀어낼 수 있었다고 했다. 자신만의 수학교육방식으로 수학이라는 학문에 대한 상상력을 자극시켰고, 지루한 학문의 일종이 아니라 굉장히 재미있고 깨끗하며 아름답기까지 한 수학이라는 과목에 대한 흥미를 불러일으키는 것이다. 그런 철학적인 사고방식 위에 칼 비테 주니어 역시 성장했고 8세가 되던 해에는 스스로 《일리아스》를 읽으면서 등장인물들이 대화하는 부분에서는 스스로 감정을 넣어서 읽기도 했는데, 유연하고 천재적인 두뇌를 가진 교육자로 성장했다.

스스로 배울 수 있고 성장할 수 있도록 끊임없이 긍정적인 자극을 주고 새로운 경험을 시켜줄 수 있는 지성의 멘토, 부모가 되는 것이 중요하지 않은가 생각된다. 200년이 지난 지금도 자녀 교육의 바이블이라고 불리는 칼 비테의 교육법은 책으로도 출간되었는데, 막상 내용을 들여다보면 굉장히 단순하고 쉬운 것들이 대부분이다. 태교 때 《일리아스》를 읽어주었다든지 8세가 될 무렵에 라틴어와 히브리어에 능숙한 학자를 불러 언어를 배울 수 있도록 교육했다는 점은 분명 놀라운 일이지만, 무엇보다 깨끗한 물과 건강한 음식물을 섭취하고, 따뜻한 물에 목욕을 시키거나 종종 여행을 다니며 견문을 넓히는 것이 창의적이고 능숙한 사고를 만드는 데 일조했다는 내용이 나온다.

그리고 모든 사물의 이름을 또박또박하고 분명하게 이야기해주며 최대한 분명하게 발음할 수 있도록 하기와 실수에 대해 인정하고 책임질 수 있도록 행동할 것을 이야기했다는 내용들에서 어떤 교육방식이 사람의 마음에 건강한 근육을 형성시키는지에 대해 생각하게 한다. 옹알거리듯이 제대로 발음하지 못하면 최대한 천천히, 하지만 누구나 알아들을 수 있도록 말할 수 있게 하기 위해 냉정하게 반응하기도 했지만, 신중하게 생각하되 자유롭게 생각을 표현할 수 있도록 이끌어주었다. 자유로운 정신과 배움에 대한 강한 열망, 지적 쾌락에 대한 흥미를 심어주는 것만으로도 큰 성장을 할 수 있는 게 어린 사람들의 몫이라는 생각이 든다.

세 번째는, 수준 높은 대화와 경청할 수 있는 힘이다.

우리가 흔히 술자리나 식사자리에서 친한 사람들과 나누는 대화를 보고 수준 높은 대화라고 이야기하진 않는다. 직장생활하면서 받는 스트레스를 풀기 위해서 하소연을 하고, 자녀를 교육하거나 부부 관계에서 힘들고 어려웠던 부분을 이야기하면서 불평과 불만을 장황하게 늘어놓는 식의 이야기는 대화라기보다 넋두리에 불과하다. 물론 사람은 감정의 동물이고 혼자서 살 수 없는 존재다 보니 마음에 있는 상처나 아픔들을 이야기하는 게 무엇보다 중요하다. 마음을 훌훌 털어내고 난 뒤 마음이 비워진 사람에게 따뜻한 위로와 사랑, 책망과 훈계도 전해지기 때문이다. 하지만 수준이 높은 대화란 무엇인가 생각해보면 이야기는 달라질 수 있다. 수준이 높은 대화는 기본적으로 상대방의 마음을 정확하게, 혹은 무슨 마음을 가지고 이야기하는 것이겠구나 하고 짚어낼 수 있는 능력을 가진 사람들만이 이끌어갈 수 있는 가장 기초적이고 수준 높은 교육이라고 생각한다.

수년 전 청각장애인 부부가 자녀를 키우는 방송을 본 적이 있다. 듣지 못하는 두 부부가 자녀를 키우면서 끊임없이 들어주고 경청해 주는 모습에서 큰 감명을 받았는데 8세 아들은 방송에 출연한 이후 상위 0.6% 안에 드는 우수한 두뇌를 가진 최우수영재로 확인되었다. SBS 영재발굴단에서 '100점짜리 부모님'으로 방송된 당시 8세 소년 신희웅 군은 부모님의 경청의 자세가 얼마나 중요한지 알게 해 주는 대목이다.

청산유수처럼 장황하고 화려하게 말을 잘하는 사람들이 있다. 나이가 많고 경력이 많을수록 경험이나 권위를 내세워서 상대방을 굴복시키려는 자세를 취하는 사람도 있다. 그렇다고 해서 그 자체로 사람을 바꾸지는 못한다. 말에 힘이 있으려면 듣는 자세가 우선적으로 필요하기 때문이다.

어린 시절의 놀라울 만한 경력과 달리 결과적으로 실패한 천재로 알려진 제임스 시디스였지만, 그가 어릴 때부터 역사에 남을 천재로 성장할 수 있었던 것은 가정에서 배웠던 수준 높은 교육의 힘이 크다는 것까지 부인할 수는 없다. 어린 시절 아픈 기억들로 인해 그의 노년은 쓸쓸하게 마감해야 했었는지도 모르지만 끊임없는 대화, 경청, 스스로 생각하며 답을 찾고 결정할 수 있는 경험을 통해 그의 인생은 타인이 생각할 수 없는 위대한 경지에까지 올랐다고도 할 수 있다.

시디스의 경우와 달리 칼 비테 주니어는 학문에 대한 깊은 연구와 탐구를 지속적으로 해왔으며, 84세가 되던 해 세상을 떠나기 전까지 주변사람들과도 온화한 관계를 유지해온 것으로 알려져 있다. 총명한 두뇌를 가진 사람들이 어린 시절의 트라우마로 인해 낯선 길로 탈선하는 것과는 달리, 신앙심과 더불어 섬세하고 따뜻한 가정으로 인해 쉽게 주변에 동화되지 않고 자신만의 학문세계를 만들어갈 수 있었다.

세상에는 어느 교육이 좋은 교육인가에 대해서 다양한 의견이 있고, 그에 따른 교육 시스템도 함께 제시되어 있는 게 일반적이다. 두 사람의 인생을 통해 어떤 게 좋은 교육인가에 대한 논의도 활발하게 진행되고 있고, 특히 칼 비테 주니어를 역사적 천재로 키워낸 아버지 칼 비테의 자녀교육법 바탕으로 또 다른 천재들을 길러낸 경우도 역사 속에서 많이 찾아볼 수 있기 때문에 굳이 비슷한 의견을 제시하는 건 무의미할 듯싶다. 그저 개인적인 의견을 정리하자면, 좋은 교육을 넘어선 최고의 교육good to great은 어느 국가, 어느 시대, 누구에게나 동일한 법칙이겠지만 마음의 일그러짐을 막는 것이 먼저 아닐까 생각해본다. 먼 앞날을 내다봤을 때 건강하고 따뜻한 마음을 갖는 것보다 중요한 교육이 있을까? 삶에 있어 건강한 마음보다 좋은 결과를 가져다주는 것은 없다는 데 이의를 제시하는 사람을 없을 듯하다. 건강하고 따뜻한 마음 안에는 세계적인 천재들을 만든 몰입과 경청과 집중과 확신까지 모든 것이 포함되어 있기 때문이다.

어떻게 경청하는가

잘 아는 지인 중에 마음으로 존중하는 분이 계신다. 상대방이 무슨 이야기를 하든지 굉장히 집중해서 듣는 모습을 자주 봤는데, 대화 도중에 개미 한 마리가 지나가거나 깃털이 땅에 떨어진다고 해도 소리가 들리겠다 싶을 정도로 조용하게 상대방의 말을 듣는 모습을 자주 볼 수 있었다. 그리고 상대방의 마음을 정확하게 캐치해서 그에 적절한 조언과 충고를 하시곤 했는데 그 모습이 꽤 인상적이어서 배우고 싶은 마음이 있었다. 그분 앞에서 이야기할 때는 어떤 작은 거짓말이나 마음의 숨김이 있어서도 안 될 것처럼 느껴졌다. 내가 말할 때 아주 조용히, 하지만 두 눈과 얼굴을 뚫어져라 바라보시며 내가 하는 말 한마디 한마디도 놓치지 않으려고 듣는 그분의 모습에서 나는 매우 큰 존경심을 느꼈다.

가끔 내가 이야기를 하는 도중에 내 말을 중간에 끊고 본인의 이야기를 하실 때가 있었다. '아직 할 말이 덜 끝났는데 왜 저러시나' 싶었지만 내가 하는 말이 무슨 말인지, 내가 무슨 마음으로 지내고 있는지 정확하게 파악하고 계셨기 때문에 더 이상 들을 만한 말이 아니라고 판단되었을 경우에만 말을 끊는 경우가 대부분이었다. 나중에 대화가 끝나고 생각해보면 나는 그야말로 '쓸 데 없는' 말만 하고 있었던 거였다. 일반적으로 나이가 많은 사람들이나, 행동이 뒷받침되지 못하면서 말에 경솔한 사람들이 상대방의 말을 듣지도 않고 끊고 자신의 말을 하는 것과는 전혀 다른 경우였다. 경험에 의존해서 경청이라는 말 자체는 여러 사람들이 인용도 하고 경청이라는 단어 자체가 좋은 말이니 들어서 알지만 정작 실천하는 사람은 별로 없는데 그분의 모습을 보면서 '이런 게 경청이구나' 싶은 생각이 들었다.

대부분의 사람들은 자신의 이야기를 들어주는 사람에게 호감을 느낀다. 조용히 타인의 이야기를 들을 수 있는 귀가 있다는 것은 굉장히 좋은 대화의 기술이다. 그 자체만으로도 속이 깊은 사람처럼 느껴져서 사람을 쉽게 얻을 수 있기 때문이다.

교육일을 하면서 종종 블로그나 대면으로 부모님들과 상담을 할 기회가 있다. 학업에 대한 상담과 자녀의 심리적인 측면에 대한 상담을 하다 보면 대부분 공통적으로 발견하는 것이 부모님의 3가지 반응인데 다음과 같다.

예, 그렇긴 한데요.
일단 알겠습니다.

정말 그렇게 하면 될까요?

자녀와 마음이 맞지 않는 부모, 교육방식에 문제가 있는 교사들을 종종 만난다. 이야기를 나눠보면 상대방의 말을 듣지 않는다는 느낌을 자주 받는데 대화의 법칙을 모르는 사람이기 때문이다. 상대방의 말을 듣는 게 어떤 걸 의미하는지, 경청이라는 게 무엇을 의미하는지 몰라서 오해하는 경우가 많다.

언젠가 가까이 지내는 지인 분께서 이런 질문을 하셨다.

"어떤 사람이 세차장에서 자동차 세차하는 일을 하고 있다. 그 사람이 어느 날, 앞으로 자기는 연봉 10억을 버는 사람이 될 것이라고 주변사람들에게 이야기했다. 그게 무슨 말인지 맞춰봐라."

이게 무슨 말인가 싶으면서도, 나름대로 해답을 생각해봤다. 가진 건 없는데 돈 욕심만 많거나, 다른 사람과 다르게 꿈이 큰 사람이거나, 아니면 뭔가 믿는 구석이 있는 모양이다 싶은 마음이 들어서 여차저차 말씀드렸더니 다 틀렸다고 하셨다. 그리고 "자네는 다른 사람의 마음을 전혀 생각하지 않고 사는 사람이야!"라고 하시면서 이렇게 이야기하셨다.

"세차장 하는 게 부끄럽다는 마음이다. '지금은 내가 세차장에서 일하고 있지만 나 무시하지 마라, 앞으로 내가 돈 많이 벌어서 부자가 될 거다.' 하고 이야기하는 것이다."

언젠가 아내와 퇴근하고 집으로 오는 길이었다. 아내와 나는 맞벌이를 하고 있었고, 2세 계획과 육아 문제로 아내는 퇴사하고 가정일에 집중할 계획을 갖고 있던 때였다. 아내가 가만히 있다가 이야기를 했다.

"오빠가 걱정스러워하라고 하는 이야기는 아닌데" 하고 시작된 아내의 이야기는 꽤 오랫동안 이어졌는데, 이제 자기가 일도 그만두고 나면 나 혼자서 벌어야 되니 돈 나올 구멍은 없고 조금은 어려워질지도 모르겠다는 식의 내용이었다. 처음에는 그래 그렇지 열심히 해야지 그렇구나 하고 듣다가 나중에는 슬슬 짜증이 났다. 늦은 저녁에 퇴근하고 나니 나도 힘들어 죽을 지경인데 앞으로 이렇게 저렇게 해보자 하는 방법을 이야기하는 게 아니라 경제적으로 어려워질 부분에 대해서만 장황하게 이야기하면서 걱정스러운 이야기만 하니 화가 났다. 한참 듣다가 나는 아내에게 짜증스러운 말투로 되물었다.

"그래서 좋은 방법이 있어? 문제만 이야기하지 말고 방법을 좀 이야기해봐."

"아니, 무슨 방법을 이야기를 해? 지금 상황이 그렇다고 이야기하는 거지."

"그럼 내가 이런 상황에서 무슨 대답을 해야 되냐? 나도 일 마치고 이제 오는 길인데 계속 옆에서 돈 이야기나 하고 앞으로 어떻게 해야 될까 그런 걱정이나 하면 나도 짜증스럽지. 뭐 어떻게 이야기해줄까?"

오는 내내 옥신각신 다투다가 집으로 들어왔는데, 더 이상 아내랑 이야기하고 싶은 마음이 없었다. 이렇게 하면 좋겠다 하는 방법도 없이 일방적으로 앞으로 가정경제가 어려워지니, 혼자서 육아하면 힘들겠지 하고 이야기하니까 여러모로 짜증스러웠다. 달리 돈 나올 구석이 없으니 걱정이 많겠구나, 하고 이해는 되지만 그렇다고 달리 방법이 있는 것도 아니어서 부랴부랴 체육복으로 갈아입고 밖으로 나왔다.

책을 쓰거나 꾸준히 아이들을 교육하는 일은 여러모로 체력소모가 많은 일이다. 매일 꾸준히 운동을 하는 습관을 들이는 것이 매우 중요한데, 그날도 나는 2차 방어전을 피하기 위해 '과로사 방지'의 핑계로 일언반구도 없이 혼자 강변을 뛰러 나온 것이다.

그런데 중요한 것은, 그때 아내와의 대화를 녹음을 한 것이다. 아내와 한 번씩 다퉈서 언성이 높아질 때 나는 녹음을 하는 습관이 생겼다. 세상에 완벽하게 옳은 사람은 존재하지 않는다. 그리고 누구나 옳음이 있고 그름도 있다. 누구나 자기 옳은 소리가 있고 감정이 있는 법인데, 일방적으로 내가 옳다고만 주장하는 경우가 생겨서 돌이킬 수 없는 지경에까지 이른 경우를 뉴스에서 자주 목격하지 않는가? 나중에라도 아내와의 대화를 원활하게 풀어나가기 위해서 녹음을 해두었고, 운동을 하는 동안 아내와의 대화를 녹음한 내용을 듣기 시작했다.

처음에는 의기양양했다. 집에 가면 한 번 더 2차전을 해야겠다 싶었고, 내가 왜 화가 났고 짜증스러웠는지 조목조목 따져봐야겠다는 마음이 있었다. 그런데 조금 더 듣다가 나는 녹음파일을 정지하고 어느 부분만을 반복해서 들으면서 큰 소리로 한참을 웃다가, 급기야 나도 모르게 눈물을 뚝뚝 흘리고 말았다.

아내는 앞으로 경제적으로 어려워질 부분과 현금을 어떻게 관리해야 하는지에 대해서 이야기했고, 나는 아내에게 방법도 없이 그런 이야기를 하면 내가 어떻게 대답을 해야 하는 게 옳은 것이냐고 물었다. 아내는 그 말에 이렇게 이야기했는데, 녹음파일을 반복해서 들으면서 비로소 아내의 마음을 발견할 수 있었다.

아래는 내가 질문한 부분에 대해 아내가 대답한 내용을 녹음한 것인데, 녹음된 음성을 그대로 옮겨 적었다.

"아 내가 그렇게 이야기하면 오빠는 '그래 그러냐. 나도 알고 있다. 나도 생각하고 있다.' 뭐 이렇게 대답하든지 아니면 '아 그러냐. 그럼 우리가 좀 아껴보자. 이렇게 하자.' 하고 이야기하면 되지, 오빠가 그런 반응 보이는 건 맞는 대화야?"

저 부분을 반복해서 한 5번 정도는 들었던 것 같다. 처음에는 의기양양하고 2차 방어전을 준비하던 마음이 미안하고, 고마운 마음으로 바뀌기 시작했다. 아내도 홧김에 언성을 높이면서 소리쳤지만, 사실은 나에게 이렇게 이야기한 것이었다.

"오빠, 내가 일을 그만두고 나면 오빠 혼자서 돈을 벌어야 되니까 지금보다는 경제적으로 어려워질 거야. 애기가 태어나면 돈 들어갈 데도 많이 있잖아. 그런 걸 생각하니까 내가 마음이 조금 힘들고 어려운데, 내 이야기 좀 들어줄래?"

아내는 내게 "오빠, 내 이야기 좀 들어줘. 나 좀 도와줘." 하고 이야기한 것이었다.

화가 나서 소리치고 싸운 서먹서먹함이 남아 있어서 집으로 돌아간 뒤에 그날은 아내에게 별다른 말은 하지 않았다. 다음날 아내에게 내가 느낀 마음을 이야기하고, 미안하다고 이야기했는데 아내는 참 행복해했고 좋아했다. 아내의 마음이 내게 전달되었고 내 마음이 아내에게 전달된 셈이다.

경청의 한자풀이는 기울일 경傾에 들을 청聽이다. 몸을 상대방 쪽으로 기울여서 그 사람의 이야기를 듣는 것을 의미한다. 경청은 나이가 많거나 경험이 많다고 해서 생기는 자세는 아니다. 평소의 말하는 습관이나 성격으로 경청하는 사람인지 아닌지 파악할 수도 있지만, 무엇보다 마음을 세밀하게 살필 수 있는 자세가 갖추어질 때 조금씩 형성된다. 나는 운 좋게도 여러 분야에 종사하는 분들과 아내와의 대화를 통해 경청하는 방법을 조금씩 배울 수 있었고, 마음을 이해하는 방법도 배울 수 있었다.

교육에 있어서 경청은 굉장한 힘을 발휘한다. 나는 아무리 바빠도 아이들이 이야기할 때 무슨 이야기를 하는지 조용히 들어주곤 한다. 다양한 성향의 아이들에게는 그들만의 세계가 있는데, 들어주는 것만으로 마음을 활짝 여는 것을 느낀다. 집중해서 듣다 보면 그들의 마음이 보이고 마음이 느껴진다.

나는 이런 교육을 하고 싶다

별 볼일 없는 학생이었지만 교육에 대한 꿈은 어릴 때부터 있었던 모양이다. 공부도 썩 잘하지 못했고, 특출하게 잘하는 것도 없고, 성격도 소심했었지만 어릴 때부터 다른 사람을 돕는 일을 하고 싶다는 막연한 생각을 가지고 있었다. 대학생이 되면서부터 많은 활동들을 했고. 아프리카로 해외봉사활동을 다녀와서는 뮤지컬 배우로 활동하면서 해외에서도 공연도 하고, 대안고등학교에서 교사일도 할 수 있었는데, 학창시절보다는 나이가 들면서 점차 발전된 시간들을 보냈던 것 같다. 특히 아프리카에서의 경험은 10년이 지난 지금도 잊을 수 없는, 정말 아름답고 고귀한 인생의 한 획이 되어 내 삶을 놀랍게 이끌어갔다.

고등학교 1학년에 있었던 심경의 변화가 어느 정도 영향을 미친 건 맞지만, 그 외에 무슨 대단한 결단을 했다거나 특별한 경험을 통해 심경의 변화가 있어서 교육자로서의 꿈을 가졌다든지 점차 발전된 삶을 살 수 있었던 건 아니다. 대학에 들어가고, 군대에서 제대하고, 20대가 되고 30대가 되면서 내가 주도적으로 뭔가 할 수 있는 시기가 되자 막연히 생각만 해오던 의미 있는 일을 하고 싶은 생각이 많이 들었고 실제로 그런 일들을 찾아 끊임없이 방황하고 고민했다. 특별하거나 대단한 사람이어서 그랬던 것이 아니고, 내 의지대로 인생을 만들어나갈 나이가 되니까 이제는 방법이 없으니 뭐라도 해보아야지 하면서 여러 방면으로 고민해보고 생각하면서 좋은 경험들이 삶 속에 만들어진 것일 뿐이었다.

그러면서 도움을 줄 만한 분이 주변에 있으면 좋겠다, 내 인생의 방향을 잡아줄 만한 분들이 주변에 많이 있으면 많이 배울 수 있겠다 하는 바람도 있었다. 운이 좋게 그런 고민들을 들어주고 방향을 잡아주는 많은 인생의 스승을 만날 수 있었고, 그분들의 조언과 충고, 삶의 모습을 통해 많은 것을 배울 수 있었다.

그때 생각했던 것이, 인생의 방향을 잡아줄 수 있는 조그마한 장소를 만들어보면 어떨까 고민을 하게 되었다. 좋은 취지를 가진 대안학교들이 많이 있고, 특수한 목적을 가진 학교도 많이 있기 때문에 학교를 세운다는 건 무리가 있겠고, 큰 무리 없이 조그마하게 운영할 수 있는 그런 학원을 짓고 싶었다. 학원이니까 누구의 간섭을 받는 것이 아닌 개인 사업이니 시간관리도 자유롭고 일의 보람도 느낄 수 있어서 괜찮겠다는 마음이 들었다.

그렇다고 무턱대고 창업을 할 수는 없는 노릇이었다. 무역회사도 실패하고 다양한 일들을 해봤으나 이렇다 할 결과물이 없었기 때문에 아무 대책 없이 창업을 시도하고 싶지는 않았다. 그냥 인가받은 조그마한 학원이지만, 일반 평범한 커리큘럼을 따라가는 그런 학원이 아닌, 학원 이름처럼 인생을 배우는 그런 장소를 만들고 싶었고 그런 장소를 만들려고 구상했기 때문에 대충 허름한 장소 하나 구해서 간판이나 걸고 밥벌이하듯 교육 사업을 하고 싶은 생각은 없었다.

돌이켜보니 살아오면서 교육에 관련된 일을 적지 않게 해온 것들이 생각났다. 대학교에 다닐 때 과외를 했고, 군에 입대하기 전과 제대 후에는 야간학교에서 검정고시를 준비하는 어머님과 아버님들께 국어와 영어를 가르쳐드렸다. 체계적인 시스템을 갖춘 교육이라고 하기엔 거리가 멀고 그냥 봉사활동 개념이었지만 좋은 경험이었고, 어린 시절 어려운 가정형편 때문에 한글을 못 배우셨던 어머님들이 한글, 수학, 사회, 역사 등등 다양한 과목을 배우시면서 한글을 읽을 수 있다는 사실에 감격해하시고 기뻐하시는 모습이 퍽 인상적이었다.

이후 해외봉사활동을 가서 외국인 꼬마아이들에게 한국어도 가르치고, 컴퓨터도 가르치고 다양한 공부를 가르쳤다. 한국에 돌아와서는 대안학교에서 아이들도 가르치고, 어학원에서 부원장으로 근무하면서 학원도 잠시 운영해봤다. 그러면서 막연히 '교육일을 꾸준히 하고 싶다'는 생각을 했었던 것 같다.

고등학생 시절 학교 선생님의 모습을 보면서 학생들을 인도하는 교사라는 직업이 참 훌륭한 일이라는 느낌을 많이 받았다. 개중에는 교사라는 직업이 어울리지 않는 분들도 있었지만 좋은 분들이 더 많았던 것도 사실이다. 어린 학생들을 가르치면서 공부도 배우고 마인드도 배우고 하면 얼마나 좋을까 생각했다.

이런 생각에 확신을 가지게 한 계기는 몇 가지가 있었다.

첫 번째는 이미 비슷한 생각을 가지고 일을 하고 있던 분이 주변에 계셨기 때문에 가능했다.

잘 아는 지인 중에 울산에서 '이야기 끓이는 주전자'라는 이름의 북카페를 운영하며 본업으로 '코너 스톤즈'라는 이름의 영어토론학원을 운영하신 분이 계셨다. 이분은 학교성적 올리기 식의 영어공부가 아닌 토론과 다양한 심층대화법을 통해 영어를 배우면서, 학생들이 주도적으로 공부하고 본인들의 미래를 구상해나갈 수 있도록 다양한 방법을 제시해주었다. 이분에게서 영어를 배우는 학생들은 전교에서 1, 2등을 다투며 특목고에 진학할 만큼 뛰어난 학생들이었는데, 본인들이 직접 펀드를 만들고 음반도 제작해서 발매한 뒤 실제로 수익으로도 연결시키는 등 놀랄 만한 일들을 하곤 했다. 그분의 요청으로 그분이 가르치는 학생들에게 마인드를 갖추는 방법과 성공학에 대한 강의를 해주었고 서로에게 윈윈이 될 만한 결과를 냈었다. 교과서만 달달 외우면 오르는 그런 성적 올리기식 공부가 아닌, 진짜 공부에 대해서, 진짜 인생에 대해서 많은 것들을 알려주는 학원을 운영한 셈이었다.

두 번째 이유는 자녀들 때문에 고민하고 걱정하는 분들이 생각보다 많다는 것을 알게 되면서 인성교육의 필요성을 자주 느꼈기 때문이다.

교육일을 하고 있으면서 많은 부모님들을 만난다. 이런저런 이야기도 하고 상담도 하는데 그런 과정들을 통해 여러 방면에서 배우게된다. 그러면서 발견한 특징들이 몇 가지 있었다. 어떤 학생은 굉장히 똑똑하고 재잘재잘 말도 잘하는데다가 문제에 대한 이해력도 빨라서 어려운 문제도 척척 푸는 경우를 본다. 어딘가 특별한 데가 있는가 살펴보면, 늘 책을 가까이 하며 차근차근 설명해주시는 부모님의 영향을 받고 있는 것을 보게 되었다. 따뜻한 햇살과 군데군데 놓여있는 화분, 조용하고 아늑한 집안 등등 많은 요인들이 학생의 마음을 편안하게 만들어주는구나 하는 걸 느꼈다. 어떤 학생은 밝고 장난도잘 치지만 성적이 낮거나 책 속의 지문을 잘 읽지 못하는 경우도 있는데 자세히 들여다보면 여러 부분에서 어두운 환경과 힘든 여건들이 마음을 항상 긴장되고 조급하게 만들지 않았나 하는 것을 느끼곤했다. 비단 가정사뿐만 아니라 즉흥적이고 과격한 아이들에게 둘러싸여있는 학교생활에서의 스트레스도 있고, 다양하게 만나는 사람들과의 관계 속에서 어떤 힘든 부분이 늘 긴장되고 위축된 마음을 만들지 않았나 하는 걸 생각해보게 된다. 그런 아이들을 위해 인성교육이바탕이 된 교육기관을 설립하는 부분에 뜻을 두게 되었다.

그 외는 어릴 때부터 꿈이었던 작가, 국어 선생님 등등의 막연한목표 때문이었다. 이제 슬슬 꿈을 이뤄볼까 하면서 한 발자국씩 발을 내딛어야지 하면서 시작한 것이 다양한 교육기관에서 경력을 쌓고 배우는 것이었다. 사교육기관에서 근무하다 보면 장점도 있고 단점도 있기 마련이므로 무엇이 정답이고 옳다고만 주장할 수는 없다. 무엇보다 중요한 것을 중요하게 인식할 수 있는 사람과, 그런 공간이 아이들에게 필요하다는 것은 사실이다.

요즘은 수많은 학원들이 있어서 그 학원이 그 학원 같고 비슷한 커리큘럼에 비슷한 사람들이 있는 곳이 학원이다. 능력도 있고 학벌도 좋은데 직장생활은 하기 싫은 사람이 가장 쉽게 시작할 수 있는 일이 영어학원이나 공부방 같은 교육 사업이다. 크건 작건 교사가 많건 적건 별로 중요하지 않다. 어느 영어학원이나 공부방을 가더라도 알파벳 정도는 쉽게 배울 수 있고, 학교 성적 빨리 올리기 정도는 어느 학원에서나 할 수 있다. 특히 규모가 1관 2관 3관 나누어져 있고 수백 명의 학생들이 다니는 대형학원이라고 해서 별반 다를 건 없다.

영어학원을 예로 들어보자. 영어라는 언어 자체가 역동적으로 변화하는 언어이므로 학원에서 배우는 것만으로는 한계가 있고, 어린 시절 외국에서 몇 년 살면서 자연스럽게 문법의 토대와 발음, 생활 속에서 사용되는 어휘를 습득하지 않는 이상 이론만으로는 어학수준의 한계가 드러나기 마련이다. 기본적으로 본인의 의지가 없이는 공부 자체가 한계가 있기 때문이다.

특히 원어민 강사가 있는 영어학원이라고 해서 좋은 학원이라고 생각하는 사람들도 많이 있는데 절대 그렇지 않다. 외국인들이 한국에 들어와서 학원에서 강사로 활동한다는 것은 본인들 입장에서 '한국으로의 유학, 혹은 글로벌 취업' 개념이 될 수 있겠지만 그 나라에서도 일자리가 없었다는 말과 다름 아니다. 한국의 문화를 전혀 모르고, 한국어도 잘 모르며, 아이들을 어떻게 대해야 하는지조차도 모르는 석사 출신의 원어민 교사 한두 명 쓰는 것은 어려운 일이 아니다. 내가 부원장으로 근무하던 어학원은 영국에서 대학원을 졸업한 석사 출신의 원어민 교수와 토플에서 몇 차례나 만점을 받은 영문학 박사 출신의 강사가 계시던 학원이었다. 이후에 잠시 근무하던 영어학원은 원어민 강사가 3명에 외국에서 2년 이상 체류한 경험이 있는 교사가 5명이나 있는 대형 영어학원이었다. 그런 학원들조차도 무사하지 못했다. 피를 말리는 경쟁구도로 인해 원생수가 급격하게 줄어들었고 결국 문을 닫았다.

　나와 함께 어학원에서 근무하시던 원장님은 울산대학교에서 대학생들에게 영어를 가르치시던 분으로 굉장히 정확한 문법과 악센트, 수준 높은 어휘실력을 가진 엘리트였다. 자상하고 위트가 넘치는 분이었고 여러모로 내게 배려 깊게 대해주셨다. 그럼에도 불구하고 잘생기고 스마트한 토익강사가 인근에 새로운 어학원을 차리자마자 빼곡하게 자리를 채우고 있던 학생들은 모두 자리를 떠나버렸다. 큰누님정도 나이가 되신 분이었기에 늘 누나처럼 자상한 미소를 보내주시던 원장님이셨지만, 학원이 문을 닫기 전 언젠가 "제가 진 거죠 뭐. 이제 저도 원장은 그만하려구요. 저도 남편이 벌어주는 돈 가지고 애들 밥도 해주고, 그렇게 살림이나 할까 싶어요. 너무 힘드네요." 하고 속삭이듯 말씀하실 때 나도 모르게 눈물이 흐를 뻔했다.

이후에 근무했던 영어학원의 원장은 아이들과 교사들을 모두 품을 만한 마음의 그릇이 없었기 때문에 많은 어려움을 겪었다. '이런 사람이 영어학원을 운영하나?' 싶은 생각이 저절로 들 정도였다. 자연스럽게 학원도 잘 운영되지 않았고 규모는 갈수록 축소되었다. 나 역시 비전이 없는 곳에 오래 있을 필요는 없었다.

세계 인구는 늘어나는 반면 한국의 출산율은 해가 바뀔수록 낮아지고 있다. 이런 판국에 평범한 영어 학원을 창업한다는 것은 여러모로 위험한 부분이 있다는 것을 감으로나마 알고 있다. 나도 가정이 있는데 쉽게 창업을 결심한다는 것은 쓰러져가는 돛단배를 타고 머나먼 항해를 떠나는 것과 다를 바 없다.

하지만 공부를 중심으로 한 교육의 목적은 영어에만 국한되어 있는 것은 아니다. 학교성적 올리기, 알파벳 마스터하기, 논술 잘하기 등등 다양하다. 어떤 학원이든 본인만 잘하면 크게 어려움을 당하지 않을 정도로 소득은 낼 수 있다. 중요한 건 그 이후의 일이다. 한 달에 수십만 원을 내고 학원을 다닌 우리 아이가 사춘기를 어떻게 넘어갈지, 인생에 대해 진지하게 생각하고 탐구하는 사람이 될 것인지, 세상을 이끌어가는 리더가 될 것인지를 생각해본다면 지금 알파벳 배우기보다 중요한 그 너머의 탐구를 구상해봐야 한다고 생각한다. 물론 아직 어린 학생들에게는 쉬운 영어단어 외우기부터 시작하고 쉬운 글 읽기와 학교내신부터 차근차근 준비하는 것도 맞지만, 어린이에게도 분명히 존재하는 그 작은 세계를 어떻게 크고 깊은 세계로 만들어주느냐가 중요하지 않을까 생각해본다. 인성교육을 중심으로 한 교육센터를 시작해볼까 하는 의문은 거기에서 시작되었다.

이 책에서 전반적으로 다루는 내용들의 대부분은 인성교육에 관련된 것이다. 인성교육이라는 것이 누누이 강조되고 있는 부분이지만 기본적으로 마음을 다스리는 것이라는 점에서 이론교육만으로는 부족하다. 그리고 나 역시 사교육 기관에서 근무하는 사람이고 본업이 있기 때문에 향후 어떤 식으로 일이 진행될지는 아직 미지수다. 인성교육이 중심이 된 교육기관을 설립하는 데 있어서 다양한 교육을 병행하는 것도 중요하다. 마인드학, 인문학, 영어, 수학과 더불어 토론을 바탕으로 한 대화법은 살면서 반드시 필요한 공부들이기 때문에 함께 병행할 예정이며, 이외 연극, 세계명문희곡, 명연설문에 대한 연구를 중심으로 커리큘럼을 구성할 예정이다.

그러나 아무리 좋은 교육과 뛰어난 교사가 있더라도, 어떤 일을 시작하든지 그 중심은 인성교육이다. 세상의 어떤 사람도 마음의 심지가 곧지 않으면 동화될 수 없다. 교육에 있어서 가장 중요한 것은 먼저 마음의 심지를 세우는 일이다. 지금도 나는 아이들에게 마음의 심지를 세우는 일을 하고 있다. 앞으로 더 많은 아이들에게 마음의 심지를 세우는 일을 하고 싶다. 더 넓은 세상으로 나갈지는 모르겠지만 말이다.

chapter 3

말하며
이야기하며

엉터리 선생님과
백발 선생님

내가 앞으로 교육일에 집중하고 싶다고 이야기할 때, 대부분의 사람들이 이야기한다.

"애들도 이제 없는데 무슨 교육 사업을 하니?"

기본적으로 교육 사업이 좋은 건 알겠지만 그에 대해 부정적인 시선으로 바라보는 사람들이 많다. 교육 사업이란 게 워낙 쉽지 않은 일이기도 하거니와 자주 바뀌는 교육방침, 날이 갈수록 날카로워지는 아이들을 대하는 부분에서 오는 자신감의 상실, 더 높은 수준으로 끌어올리기 위한 욕심으로 도리어 탈선해버리는 아이들, 그리고 그런 아이들이 출산율의 저조로 인해 점점 사라져가는 하향사업이라는 데 그 이유가 있다. 그렇듯 교육사업의 문제점을 이야기하면서도 어떤 교육이 참 교육인지, 어떤 분야에서 깊이 파고들어야 성공적인 교육이 될 것인지를 이야기하긴 또 어렵다. 더불어 교육이란 무엇인가 하는 교육의 본질, 그 자체의 시스템과 문제점을 빠른 시일 내 변화시킬 수 없다는 것도 사실상 아이러니한 문제다. 하지만 중요한 것은 어느 교육시스템에 접속되어 있는지를 불문하고 학생과 학교, 학교와 교사, 교사와 학생은 모두 원활한 소통관계를 유지해야 한다는 것은 변하지 않는 사실이다.

세계 인구는 증가하고 있지만 한국의 출산율이 감소하고 있다는 것은 매우 놀라운 일이다. 미국 인구조사국에서 발표한 예측에 따르면 2017년 12월 말 기준 세계 인구는 약 76억 명으로 1960년 30억에 비해 2배 이상의 엄청난 인구 증가율을 보여주지만, 대한민국의 출산율은 1960년 6.16명에서 2016년 기준 1.17명으로 5배 정도 감소되었다. 내가 살고 있는 지역의 한 초등학교 1학년 입학생 수는 17명으로 학생 수보다 교사 수가 많았다.

저출산 문제의 장점과 단점은 분명히 존재하지만, 인구의 감소로 학교와 교사, 교사와 학생 사이의 관계가 수직관계에서 수평관계로 점차적으로 바뀌면서 여러 부분에서 자신의 의견을 표출할 수 있는 기회가 점차 증가하고 있다는 사실은 긍정적으로 바라볼 수 있다. 기본적으로 학교나 학원과 같은 교육기관의 교실은 학생의 자기의사 표출과 자유의 표현(다양한 부분에서)이 암묵적으로 묵살되기 쉬운 공간이라는 특징을 가지고 있기 때문에 인구감소와 같은 변화가 도리어 긍정적으로 다가온다.

내가 중학교에 다니던 20년 전, 이마를 덮는 머리카락이 조금 길다는 이유로 오리걸음으로 운동장을 10바퀴 돌고 와서 선도부에게 따귀를 맞은 경험이 있었다. 나는 나이가 어렸고, 그곳은 학교였으며, 그들은 선배였기 때문에 그런 체벌이 당연한 것으로 인식되었다. 하지만 성인이 되어 좀 더 깊이 있는 사고가 가능해질 때쯤 되어서야 나는 내가 당한 체벌이 옳고 그름을 벗어나 매우 잘못된 교육 방식이었다는 것을 알게 되었고 그런 교육체제의 문제점을 알게 되었다.

부모님은 수준 높은 교육을 받은 분들은 아니었지만 지적이셨으며 예의를 중시하는 분들이었다. 학생은 선생님의 권위를 존중해야 하고 선생님의 그림자도 밟아서는 안 된다는 생각을 가지고 계셨던 분들이었기 때문에 그 흔한 치맛바람이나 촌지와 같은 단어는 엄마, 아버지에게서 나오는 법이 없었다. 교육의 힘을 알고 교사의 권위를 존중하는 분들이셨다.

그런 분위기 때문이었는지 모르겠지만, 나는 친할아버지가 돌아가신 초등학교 1학년 때 3일을 제외하곤 초중고 12년 동안 단 한 번도 학교를 자퇴하거나 결석한 적이 없었다. 아무리 아파도 학교를 갔고, 아무리 큰 일이 생겨도 학교를 갔다. 학창시절엔 12년 개근한 게 뭐 그리 대단한 건가 싶었지만 나이가 들어보니 그게 아니었다. 부모님은 단 한 번도 내게 "무슨 일이 있으니 오늘은 자퇴해라, 오늘은 결석해라." 하고 이야기하지 않으셨다. 부모님은 학교의 권위를 인정하셨던 것이다.

그러나 말은 그렇게 번지르르해도, 나에게 있어 학교는 매우 지루하고 따분한 곳이었다. 유연하고 창의적인 인간을 만들고 미래의 인재를 양성하는 곳이라는 생각보다는 눈에 보이지 않는 힘을 가진 교사라는 권위 아래 하루하루 버텨야 하는 딱딱한 교도소처럼 느껴지는 공간이 학교였다. 그런 곳에서 나는 숨도 제대로 쉬지 못한 채 하루하루 어떻게든 근근이 버티고 살아가는 힘없는 사춘기 학생일 뿐이었다. '나'라고 하는 인격체는 온데간데없고 '앞머리가 길어서 오리걸음 해야 되는 존재'일 뿐이었다. 선생님들은 그냥 무섭거나 두려운 존재로만 인식되었을 뿐, 마음을 터놓고 이야기할만한 그런 대상은 아니었다.

교육관련 사업을 앞으로 하고 싶다는 것과 그에 대한 나름대로의 관점과 생각을 이 책의 중간 중간에 설명했지만, 마음을 차분히 털어놓고 이야기할 수 있는 분위기를 만들어주는 교육기관을 만드는게 교육 사업을 하기로 마음을 먹으면서 정한 첫 번째 목표였다. 학교나 학원에서 교사가 학생을 교육할 때 가장 효과적인 방법은, 학생에게 본인의 모습을 그대로 노출하고 대화를 시도하는 것이라고 할 수 있다. 자신을 감추지 않고 열린 자세를 가지고, 혹은 더 깊은 마음의 내부까지 볼 수 있도록 나의 약점과 단점, 사적인 문제들과 복잡하고 예민한 성격, 교육을 하면서 겪는 수많은 딜레마와 헤어 나오기 힘들었던 경험들, 실패의 쓴 맛과 성공의 달콤함, 망설임 끝에 도전하며 얻었던 마음의 변화, 꿈과 열정, 지금도 식지 않은 미래에 대한 목표와 이룩하기 위해 도전해온 수많은 노력들과 같이 그들의 마음을 변화시킬 수 있는 모든 요소들을 이야기하며 대화하는 것, 즉 아이들의 눈앞에서 교사가 아닌 인간으로 존재해야 한다는 것이다. 그런 교육이 가능하다면, 마음이 차갑게 굳은 많은 아이들을 품 안으로 이끌어올 수 있다.

독자층을 10대만으로 잡지 않고 교직에 있는 분들이나 부모님들도 대상으로 하다 보니 글이 다소 어려운 감이 없지 않지만, 쉽게 이야기하자면 솔직하게 자신을 드러내고 이야기하고 행동하는 사람에게 학생들이 쉽게 마음을 열 수 있다는 말이다. 특히 교육계에서는 더더욱 그러하다. 앞 장 마지막 부분에서 말했던 석지영 교수의 이야기처럼 타인의 실수와 문제투성이를 마주한다는 것은 마음을 열고 대하는 것을 의미하는 것일 테니 말이다.

오래 전 일이다. 담임선생님이 사적인 일로 출근을 못하시게 된 초등학교 2학년 어느 날, 옆 교실에 무섭게 생긴 담임선생님이 우리 반에 오셔서 한 시간 수업을 맡아주셨다. 대화를 나눠본 적은 없지만 왠지 모르게 날카로운 눈매와 일자로 그은 듯한 입술은 강인한 사람이라는 인상을 심어주었다. '하필 저분이냐……' 하는 마음이 들면서도 어떤 분일까 궁금했다. 그날은 서예시간이었는데 선생님은 한마디 한마디 단어를 이야기할 때마다 매우 정제되어 있는 단어를 쓰셨던 기억이 난다. "너 인마 자세가 그게 뭐야? 제대로 잡고 똑바로 써."라는 말을 "붓은 그렇게 쥐면 안 되고, 반듯하게 세워서 쓸수록 아름다운 글자가 나온다." 하는 식이었다. 인상보다 괜찮은 분이라는 생각이 들었고 무사히 그날의 수업은 끝이 났다.

어린 나이였음에도 괜찮은 선생님이라는 인상이 들었던 것이다.

다음날, 수업시간 중간에 노크소리가 들렸고 문이 드르륵 열렸다. 옆 반 선생님이었다.

선생님은 잠시 양해를 구하고 들어오셔서 50명 남짓한 학생들이 앉아있는 교실에서 이야기하셨다.

"여러분, 어제 나는 엉터리 선생님이었거든. 여러분한테 엉터리로 가르쳐줬기 때문에 나는 사실 엉터리 선생님이었어." 하고 이야기를 시작한 선생님은 전날 있었던 수업시간에서 본인의 실수로 오류가 있었던 부분을 이야기하시며 다시 정확하게 설명해주셨고, 오래지 않아 교실을 나가셨다. 무슨 내용을 이야기하셨는지는 잘 기억나지 않지만 27년이 지난 지금도 "나는 엉터리 선생님이었거든." 하는 선생님의 그 음성은 내 마음에 깊이 남아 지워지지 않았다.

공교육뿐만 아니라 교육계에서 근무하는 사람의 마음에는 어떤 일들 앞에서 쉽게 무너지거나 좌절해서도 안 되며, 언제나 타인의 모범이 되어야 한다는 도덕적 규범이 암묵적으로 내제되어 있는 게 사실이다. 교사는 쉽게 분노하거나 좌절해서도 안 되고, 사적인 일로 감정에 쉽게 치우친다든지, 슬픔에 잠기거나 경박하게 웃어서도 안 되며, 늘 지적인 자세를 유지하면서 교사로서 지켜야 하는 근본 원칙을 항상 고수해야 한다고 생각한다. 학교와 교사라는 이미지가 가지고 있는 근엄함과 엄숙한 자세는 타인의 요청이나 요구에 의해서가 아니라 사회적 질서 때문에 요구되는 것이라고 볼 수 있다.

물론 학교와 교사라는 제한적인 테두리 내에서 살고 있는 사람들이라면 성실과 개발이라는 단어와 친숙해야 함이 당연하고, 무엇보다 학생들로 하여금 신뢰할 만한 사람으로서의 모습을 보여줘야 하므로 노력해야 할 부분들이 평범한 직업군에 속한 사람들보다 많은 건 사실이다. 감추어야 할 사생활도 있고, 옷차림과 머리 스타일, 심지어 너무 튀지 않는 넥타이 색깔에 단정한 구두를 착용한 교사가 그렇지 않은 사람보다 훨씬 더 신뢰감을 주는 것은 사실이므로 작은 부분까지 관심을 기울여야 하는 것이 교사의 몫이다.

그럼에도 불구하고 교사들 역시 인간으로서 여러 부분에서 웃고 울고 마음을 이야기하고 대화하며 열린 마음으로 학생들을 대하고 이야기하는 게 필요하다. 어린아이와 같은 유쾌함과 장난기 다분한 마음을 가까스로 억누른 채 근엄한 표정으로 학생들에게 지식만을 전해주어야 한다는 생각은 잘못된 생각이다. 똑같은 마음의 세계를 가지고 있는 인간으로서, 교사도 학생들을 통해 마음의 위로를 얻을 수 있고 마음에 소망을 얻을 수도 있는 법이다.

고등학교 3학년 담임선생님은 별명이 백발이었다. 당시 내 아버지 연배쯤 되셨을까. 얼굴은 그렇지 않음에도 머리가 하얗고 한 군데도 검은 머리카락이 보이지 않는 분이셨다. 그로부터 몇 년 전에도 별명이 백발이었고 내가 고3일 때도 별명이 백발이었다.

젊은 시절 백발 선생님은 꽤 미남이셨다. 부리부리한 눈에 절제된 단어를 사용하시는 분이었다. 하지만 어느 학교에나 있는 그런 무서운 선생님이었고, 특히 고3때 그런 선생님이 담임이 된다는 건 여러 모로 골치 아픈 일이었다.

그때 일부 친구들은 자기 갈 길을 찾아서 취업도 하고 자격증 학원에 다니기도 했고, 벌써 취업해서 일을 다니는 친구들도 있었다. 나는 이렇다 할 꿈도 비전도 없이 수험생 생활을 시작했고 매일 새벽까지 공부하며 고군분투했는데, 이렇다 할 길을 제시해줄 만한 사람이 주변에 없어서 막연히 대학 입학만 생각하고 있었다. 이미 취업을 나가 있거나 인생 자체에 흥미가 없는 친구들 말고는 부모님, 선생님, 같이 공부하는 주변 친구들 모두 예민해져 있었는데 그런 스트레스나 어려움들은 고3이기 때문에 당연히 겪어야 하는 것이라고만 생각했다.

게다가 정신 차리고 공부하기로 마음을 먹은 뒤 독서실을 등록했을 때 함께 공부하던 친구들은 대부분 중학교 동창들이었는데, 내가 다니던 학교와 달리 인문계 중에서도 공부를 잘하는 인문계에 다니던 친구들이었다. 그중에서 문과 1등, 이과 1등이 있었고(이과 1등이었던 친구는 의대를 졸업하고 의사가 되었고, 문과 1등이었던 친구는 부산에서 모 은행 지점장으로 근무하고 있다.), 전교에서 상위권을 유지하던 친구들 사이에 내가 끼어있었다. 친구들임에도 불구하고 나는 뭔지 모를 이질감을 느꼈고, 그들의 대화의 수준에 내가 한참 모자라고 부족하다는 것을 많이 느끼고 있었다. 나도 저 친구들과 같이 열심히 해야지, 하는 각오만으로 그들과 동행하기엔 한참 부족한 사람이었던 셈이다.

그런 상황에서 백발까지 담임이라니. 공부라고는 해본 적이 없긴 해도 어쨌거나 고3이라서 1년 동안 스트레스 받는 것도 견디기가 어려운데, 그 유명한 백발이 담임이라니. 그 선생님이랑 1년을 보낼 생각에 머리가 아팠다. 당시 선생님은 약 30cm정도 되는 길이의 얇고 가벼운 회초리를 가지고 다니셨는데 영어 단어로 쪽지시험을 볼 때 한 개라도 틀리면 한 문제당 발바닥을 5대 때리는 분이었다. 그것도 풀 스윙으로. '발바닥을 많이 맞으면 건강해진다.'는 전혀 이해할 수 없는 논리로 발바닥을 신나게 쥐어 패는 분이었다.

어떤 선배는 80대까지 맞아봤다고 하던데 백발 선생님 성격에 그냥 나온 말은 아닌 듯했다. '가뜩이나 마음도 심란한데 하필 저 양반이 우리 담임이냐' 하는 심정으로 1학기를 시작했다.

첫 학기 두 번째 시간으로 기억하는데, 2002년 3월 초였다. 첫 시간에 선생님은 영어 단어시험에 대해서 이야기하셨는데, 영어교재 첫 페이지에 나오는 영어단어 5개를 쪽지시험 본다고 하셨다. 훑어보니 다 아는 단어들이었고 어려운 것도 없었다.

'뜻풀이하는 거겠지.' 어떻게 발음하는지도 몰라서 물어보는 친구들이 주변에 있었기에 별 생각 없이 쪽지시험을 봤다.

그런데 이 양반은 좀 달랐다. 쪽지시험을 보기 위해서 종이를 준비하라고 하더니 '다 준비됐으면 시작해.' 한마디만 하고 가만히 있는 거였다.

나는 당황해서 손을 들고 질문했다.

"어떻게 시험 치는 거예요? 불러주시는 거 아니에요?"

그러자 백발 선생님은 특유의 미소를 지으면서 이야기하셨다.

"쪽지시험을 어떻게 불러주냐? 다 외워와야지. 5개 외운 거 적어."

교과서 첫 장에 나오는 영어단어 5개는 어려운 단어도 아니었고 모르는 단어도 아니었건만 다 외워서 적으라고 하니 기억이 하나도 안 났다. 뭐 이런 식으로 쪽지시험을 보나 싶어 말문이 막히고 어처구니가 없어 가만히 있는데, 갑자기 '걸어와.' 하는 게 아닌가.

나는 하나도 못 외워서 백지로 종이를 냈고, 선생님은 하나하나 이름을 호명해가며 확인하셨다.

"너는 한 개 틀렸네. 이놈아, 이게 뭐 어렵다고 한 개를 틀리냐? 너는 다섯 대. 너는 두 개를 틀렸네. 너는 한 대 더 맞아야겠다. 11대."

고3인데도 불구하고 아직까지 정신을 못 차리고 맨 뒷자리에 앉아서 하루하루 의미 없는 시간을 보내는, 그야말로 꼴통인 녀석들이 발바닥을 맞고 있는 동안, 나는 멍청히 서서 다가올 후폭풍을 가만히 계산하고 있었다. 나는 백지를 냈고, 발바닥을 25대 맞아야 할 판이었다. 이윽고 내 쪽지시험지를 받아든 선생님은 한숨을 쉬셨다.

"아이고, 너는 왜 백지를 냈냐? 여기 더 한 놈이 있네. 너는 25대!"

교탁에 발바닥을 올리고 25대를 맞는 동안, 아픈 것보다 속상해서 인상이 구겨지기 시작했다. 방법을 제대로 알려주지도 않고 이런 식으로 쪽지시험을 치는가, 영어단어 5개 못 외운 것 때문에 이렇게까지 맞아야 되는가 싶은 생각에 무척 기분이 상했다.

낑낑거리며 25대를 다 맞고 난 뒤에 선생님은 한 대 더 때리시면서 "한 대는 덤이다!" 하고 이야기하셨고, 가만히 보고 있던 다른 녀석들은 와하하 웃음을 터트렸다.

자리에 돌아와서 앉았는데, 그 상황이 너무 어처구니가 없고 속상해서 그날 수업은 전혀 들을 수 없었다. 꾸벅꾸벅 졸고 있는 친구들 사이에서 나는 고개만 푹 숙이고 계속 그 생각에 잡혀 있었다.

'내가 제일 못했구나. baby 철자도 몰라서 나한테 물어보러 오는 저 녀석도 다 맞췄는데 내가 제일 못했구나.'

그 생각은 제법 오랜 시간동안 이어졌는데, '대학만이 살길이므로, 대학에 들어가서 인생에 어떤 결과를 내야 한다.'는 마음으로 하루하루 살얼음판을 위를 걷듯이 아슬아슬하게만 지내던 내 마음에 상처를 남긴 케이스였다.

고3이 되면서 나름대로의 각오가 있었다. 이제 1년밖에 안 남았으니, 대학생이 되면 정말 최선을 다해서 하루하루 살아보겠다는 각오였다. 독서실에서 같이 공부하던 친구들은 큰 도움이 되어주었고 따끔한 조언과 훈계도 아끼지 않았다. 지금 생각해봐도 그런 친구들이 있었기에 고3을 잘 넘길 수 있었다고 생각된다. 하지만 학교는 그렇지 않았다. 주변을 둘러봐도 멘토가 될 만한 사람이나 조언을 구할 만한 친구가 별로 없었다. 공부와는 완전히 담을 쌓은, 무슨 생각을 하면서 사는지 모를 정도로 무의미한 인생을 사는 녀석들이 대부분이었다.

그런 상황에서 쪽지시험 때문에 발바닥을 25대 맞았다는 것이 내게 큰 충격으로 다가왔고, 마음에 큰 앙금으로 남았다. 지금 생각해보면 별것도 아닌 일이었다. 단지 내 실수였을 뿐이고 다음부터 잘하면 그만이었다. 까짓거 발바닥 그거 몇 대 맞았다고 그러냐, 발바닥 안마는 건강에도 좋아서 동남아에 일부러 발바닥 안마도 받으러 가는데 하고 생각해버리면 그만인 일이었다. 그리고 그다음부터 쪽지시험만큼은 다 맞아야겠다고 결심하고 최선을 다했기 때문에 쪽지시험 때문에 발바닥을 맞는 일은 없었다. 하지만 고3이었고 스트레스는 최고조에 달해 있었다. 그리고 무엇보다 생각과 마음이 어렸기 때문에 두고두고 그 기억이 남아 있었다. 선생님도 싫고 집도 싫었다.

그 오후 늦은 시간에 집에 돌아왔을 때 엄마가 낮잠을 주무시다가 일어나셨다. 똥 씹은 표정으로 가방을 꾸리던 내가 도착한 걸 발견하고 이야기하셨다.

"아들 학교 마치고 왔나? 인제 독서실 가지? 정신 바짝 차리고 열심히 해. 열심히 해야 내년에 대학 가지."

대충 가방을 꾸려서 독서실로 가면서, 지옥과도 같은 1년이 빨리 지나가기만을 바랄 뿐이었다.

그 상처가 아무는 데는 오랜 시간이 걸리지 않았는데 그 이유도 백발 선생님 덕분이었다. 1년만 있으면 스무 살, 성인이라는 것을 인식하면서부터였을까. 우리는 약간씩 철이 들기 시작했는데 선생님의 이야기를 듣고 난 이후, 우리는 모두 조금씩 변해 있었다.

중간고사 시험을 보기 얼마 전으로 기억하는데, 선생님이 수업 중에 조용히 이야기를 하셨다.

'우리애가 7살이었을 때' 하고 이야기를 시작하실 때, 나는 속으로 '지금 선생님 머리가 새하얀 할아버진데 애가 7살이면 도대체 언제적인가' 하고 생각했다. 그렇게 백옥처럼 하얀 머리도 찾기 힘들었기 때문이다.

예쁘고 귀여운 딸아이를 보면서 세상을 다 주어도 아깝지 않을 것이라는 이야기, 말 안 듣는 너희 선배들 때문에 고생하고 힘들어도 집에 가서 아빠 하고 부르는 딸만 보면 어느새 어려움이 다 사라져버리더라는 이야기, 그때는 머리가 새카만 흑색이었다고도 이야기하셨다.

그렇게 사랑하던 딸아이는 7살 여름 어느 날, 아버지의 눈앞에서 세상을 떠났다고 했다.

우리가 고3이었을 때 선생님 나이가 40대 중후반이었으니, 아마 딸아이가 세상을 떠날 그때쯤 백발선생님의 나이도 30대 중후반쯤이었을 것이다. 지금의 내 나이쯤 될까. 젊다면 젊은 선생님의 오래전 이야기였다.

그날은 더운 여름날이었다고 했다. 반팔티 차림에 헬멧을 쓰고 오토바이를 타고 어디론가 가던 어느 날, 중앙선을 침범하는 자동차를 미처 피하지 못하고 오토바이는 그대로 부딪혔다. 선생님 앞에 앉았던 딸은, 하필 그날 헬멧을 쓰지 않았다고 이야기하셨다. 선생님 표현에 의하자면 당신은 '540도 회전을 하면서 낙법으로 무사히 착지'를 하셨다고 했다. 당신의 눈에 비춰지던 그림자 때문에 그런 재미진 표현을 정확히 기억을 하고 있는지도 모르겠다.

형체를 알아볼 수 없을 정도로 부서진 오토바이와 달리 가벼운 찰

과상을 입은 당신이었지만, 딸의 몸은 붕 떠서 20미터 가까이 날아간 뒤였다. 정신을 차리고 보니 딸이 쓰러져 있었고, 아픔을 느낄 겨를도 없이 딸을 안고 병원으로 뛰어갔다고 했다. 그리고 그날 딸은 세상을 떠났다.

"살아 있더라면 너희 나이랑 비슷하겠다. 내 딸이 두어 살 많지." 하고 이야기하시던 선생님은, 그렇게 딸을 보내고 나서 머리가 하얗게 세었다고 하면서 한마디 덧붙이셨다.

"나는 자식이 많다. 너희들도 다 내 자식이야, 이놈들아."

발바닥을 맞는 놈들은 항상 맞았다. 평소에 공부라는 걸 해본 적이 없으니 뇌세포가 활성화되어 있지 않은 상태에서 단어 몇 개 외운다고 단기간에 머리가 좋아질 리도 없었기 때문이었다. 더군다나 살아오면서 형성된 그동안의 습관들이 고3이 되었다고 해서 한순간에 바뀌기를 기대하는 것도 쉽지 않은 일이었다.

하지만 그 이후 몇몇 친구들은 바뀌기 시작했고, 1년이 그렇게 버겁지만은 않은 시간들이 되어갔다. 우리는 다 같은 인간이었고 다만 살아온 환경만 조금씩 달랐을 뿐이었다.

꼴통들만 수두룩하던 고등학교였고 나 역시도 별반 다를 바 없었던 시절이었지만, 어찌됐건 나와 비슷하거나 훨씬 더 깊고 우수한 생각을 하던 친구들도 있었다. 그중에서도 두각을 나타내던 뛰어난 녀석들이 있었는데 주로 중학교에 다닐 때 중상위권을 유지하던 친구들이었고 내신을 잘 받아서 좋은 대학에 가기 위해 들어온 경우였다.

마음을 바꾸고 열심히 하면 충분히 상위권 안에 들 수 있는 성적을 만들 수 있었기에 그들은 최선을 다했고 목표로 하던 꿈을 이루어갔다. '고등학교 간판이나 대학 간판, 그거 정말 아무것도 아니더라.'라는 말이 나올 때쯤 만난 그 친구들은 편입과 유학, 그리고 '본사 계약직이었는데 성실성을 인정받아서 대기업 정직원으로 전환'이라는 이름으로 어느 정도 성공적인 인생을 살아가고 있었다. 그리고 그렇지 않았던 꼴통 녀석들도 나름대로의 꿈과 목표를 가지고 근근이 살아가는 것을 엿볼 수 있었다.

돌이켜보면 그들도 나름대로의 꿈이 있었는지도 모르겠다. 다만 내가 알지 못하는 슬픔이나 어려움이 그들 마음에 있었을 거라 지레짐작할 뿐이다.

선생님의 과거에 대한 이야기와 당신의 마음에 남은 우리에 대한 이야기는, 당신이 책임지고 이끌어갔을 고3반의 학생들이었다면 으레 듣는 당신의 이야기였을지도 모른다. 하지만 그런 이야기들을 통해 우리는 조금씩 변해갔고 학창시절이라는 것에서 한층 더 심도 깊게 인간의 삶에 대해서도 진지하게 고민하는 기회를 가질 수 있었다.

그런 경험들을 통해서 우리는 선생님에 대해 무서운 분이라는 인상보다, 납득할 만한 상처를 가진 분이라는 점에서 이해의 눈으로 그분을 바라보기 시작했다. 선생님이 때리는 매가 아프지 않았고, 선생님의 야단이 무섭게 들리지 않았다. 무엇보다 고3이었던 우리를 마음 깊이 이해해주셨고 인간으로서, 어른으로서 인정해주셨던 것이었다.

교사라는 직업은 숭고한 일이고 아름다운 일이지만, 선생님 역시 인간이었으므로 부족함이 없는 것은 아니었다. 매너리즘이랄까? 우리가 봐도 '교사가 뭐 저러나' 싶고, 좀 답답하게 행동하실 때와 이해하지 못할 행동을 하는 경우도 있었다. 다만 그런 것들을 이해할 수 있도록 마음을 이끌어주셨다는 점에서 기억에 남는 분이었다.

감추고 싶은 비밀은 누구에게나 있고, 감추어야 할 비밀도 누구에게나 있다. 학생이든 교사든 그 누구든 감추고 싶은 비밀과 감추어야 할 비밀은 소중히 다루어주는 것이 좋다. 그러나 마음을 열고 이야기하는 것은 감추어야 할 비밀과는 다른 별개의 문제다. 깔끔한 수트와 잘 다려진 셔츠 위에 붉은 빛의 넥타이를 매고 반들반들 윤이 나도록 닦인 깔끔한 구두를 신은 교사가 '토끼인형'을 쓰고 교실에 나타난다면 어떠한가? 혹은 얼굴만 한 회오리사탕을 들고 학생들이 질문을 할 때마다 잘게 쪼개어 한 조각씩 나누어준다면? 뜨거운 심장과 차가운 머리, 지식과 지혜로 충만하며 여유롭고 열린 자세로 학생을 대하는 방식이야말로 학생에 대한 존경과 사랑을 전하는 가장 탁월한 방법이라고 나는 생각한다. 학교를 위해 공부하는 학생은 없으며 학교를 위해 가르치는 교사도 없다. 오직 인생을 위해서 공부하는 학생만 있을 뿐이고 인생을 위해 교육하는 교사만이 있을 뿐이다. 그들에게 '나'를 말하다 보면 자연스레 '우리'를 말하게 될 것이다.

마음을 먹고 자라는 아이들

교육일을 하다 보면 다양한 학생들을 만나는데 따뜻한 환경에서 자라지 못해서 마음이 어그러진 경우가 종종 있었다. 따뜻한 부모님의 사랑, 자상하게 보듬어주는 선생님, 원만한 친구들과의 관계. 마음이 건강하고 따뜻한 사람으로 자랄 수 있도록 이끌어주는 데는 이런 요소들이 필요한데 그런 마음들을 먹지 못하고 자란 경우가 있었다.

교사, 혹은 교육업에서 종사하는 사람들은 이런 경우를 자주 만난다. 그런 상황들을 참지 못하고 윽박지르는 교사들도 있고 어떻게 해야 할지 몰라서 마냥 쳐다만 보거나 힘으로 강하게 억압하려는 사람들도 있다. 물론 나름대로 최선의 방법을 강구한 것일 테니 가타부타 이야기할 생각은 없다.

미국계 듀폰코리아를 포함한 외국계 기업에서 근무하다가 미국 현지인 초등학교 교사로 근무하는 《미쿡 선생님이 된 한국 아줌마》의 저자 김정희 선생님은, 다양성을 인정하는 미국의 시스템과 인성교육을 철저히 교육하는 분위기를 한국에 접목시켜야 한다고 이야기한 바 있다(《주간조선》, 2339호, 2015년 1월호).

교육업에 종사하면서 다양성에 대한 이해와 배려는 교사에게 가장 필요한 자질 중 하나다. 다양성이라는 것은 학벌이나 가정경제, 피부색에만 국한되는 것이 아니다. 아이의 성격, 학습을 받아들이는 속도, 교사를 대하는 태도, 경직되고 딱딱한 분위기에 잘 적응하는지 못하는지와 같은 적응력도 아이들마다 다를 수 있다. 그에 대한 분별력도 교사에게는 필요하다.

아이들을 가장 확실하게 대하는 방법은 법을 정하는 것이다. 엄격한 규칙과 분명한 룰을 정해두고 어기면 그에 알맞은 조치를 취하면 제일 좋다. 가장 빠른 방법이다. 하지만 '가장 좋은 방법인가' 하는 질문에 예스라고 대답하기는 어렵다.

분명한 것은, 아이들은 마음을 먹고 자란다는 것이다. 사람에게 마음이 있다는 것은 얼마나 놀라운 것인지 아이들에게 마음을 가르치다 보면 신기한 경험들을 많이 하게 된다.

그 녀석도 그랬다. 초등학교 2학년인데도 불구하고 어찌나 말썽을 부리는지, 1분을 가만히 있지 못했다. 물론 밉지 않았고 예쁘기 그지없었다. 말썽을 부리다가도 사탕을 하나 쥐어주면 조용히 공부를 시작했다.

어린 나이에 부모님이 이혼하시는 바람에 엄마 손을 타지 못했고,

공부에도 집중하지 못했다. 아버지는 엄하게 키우셨고 종종 매질도 하셨으리라. 밝은 얼굴로 지내는 녀석이었지만 보고 있으면 늘 마음이 아팠다.

늘 마음이 가던 녀석이라서 추억도 많고 기억도 많다. 얼마 전 있었던 그 녀석과의 대화 속에서 나는 사람에게 따뜻한 마음을 전달하는 것이 얼마나 소중한 일인지 가슴 깊이 깨달을 수 있었다.

사건의 발단은 이랬다. 어떤 분이 깨끗한 잠바를 하나 가지고 오셨다. 지난해 중학생이 된 아들에게 사준 잠바인데 불과 몇 달 만에 키가 훌쩍 커버리는 바람에 두어 번 밖에 입혀보지 못하고 옷장에 걸어두던 것이었다면서, 그 녀석을 주고 싶다고 가지고 오셨다.

"새거나 다름없어요. 근데 입으려나 모르겠네요. 얼마 전에 보니까 날씨도 추운데 잠바도 없이 티셔츠 하나만 입고 과자를 먹고 있길래……."

일단 가지고 있다가 그 녀석이 오면 입히기로 했다. 입고 말고는 그 녀석의 선택이고 우리는 전해주는 것에 목적이 있었다. 얼마 뒤 만난 그 녀석에게 자초지종을 이야기하며 옷을 건네주었더니 입기 싫다는 말과 함께 휙 집어던지면서 나가버렸다. 그리고 그 잠바는 이제 버려지느냐, 주인에게 되돌려주느냐의 문제로 남아있었다.

낡아빠져서 못 입게 된 옷을 준 것도 아니고, 두세 번 밖에 입지 않아서 깨끗한데다 제법 고급스러워 보이기까지 한 그 잠바는, 그러나 어디로 가야 할지도 모른 채 주인을 잃고 덩그러니 남아 있었다.

나는 어린아이에게도 마음이 있다는 사실을 모든 사람에게 보여주리라 다짐했고, 그 녀석이 잠바를 입고 기뻐하는 모습을 보고 싶었다. 그리고 그건 솔직하게, 따뜻한 마음을 전달하면서 현실이 되었다.

느지막한 시간에 나를 만나러 온 그 녀석은 내가 잠바를 꺼내들자마자 인상을 쓰며 집으로 가려고 했다.

가까스로 불러 세워서 내 앞에 앉힌 뒤, 이야기를 시작했다.

"너 사탕 먹고 싶지? 사탕 줄까?"

"네."

"너는 내가 주는 사탕을 먹으면서, 사탕이랑 같이 먹는 게 있어. 그게 뭘까?"

"음…… 모르겠어요."

"너는 사탕만 먹는 게 아니라, 내가 주는 마음도 같이 먹는 거야. 이분이 나를 아끼고 사랑해주시는구나, 나를 좋아해주시는구나, 하는 마음도 같이 먹는 거야. 그렇지?"

"음…… 네."

"너 내가 주는 사탕은 먹으면서 저 잠바는 왜 입기 싫냐?"

"몰라요."

"내가 대답해줄까? 더러워서 그렇지?"

"네."

"잘 들어봐. 내가 너한테 사탕을 줄 때, 너는 '이따위 사탕 더러워서 안 먹어요! 선생님이나 많이 드세요!' 하고 집어던지지 않았어. 내 마음을 알기 때문에 그런 거야. 저 잠바도 마찬가지야. 저 잠바에는 너를 아끼고 위하는 사람의 마음이 들어 있어. 남이 입던 잠바라서 입기 싫을 수 있어. 선생님도 그런 적이 있었거든. 선생님도 네 나이였다면 부끄럽고, 민망하고, 괜히 그런 기분이 들었을 거야. 그런데 네가 실수한 게 있어. 내가 너한테 주는 사탕을 기분 좋게 받아서 먹는다는 것은 내 마음도 같이 먹는다는 거야. 저 잠바를 입는다는 건, 주신 분의 마음도 같이 먹는다는 거야."

"아, 그래도 싫어요. 안 입을래요."

"자, 그럼 내가 어떻게 하는 게 가장 좋은 선택인지, 어떻게 행동하는 게 마음을 먹는 방법인지 이야기해줄게.

가장 좋은 첫 번째 방법은, 저 잠바를 받아서 입은 뒤에 주신 분에게 가서 이렇게 이야기하는 거야. '아줌마, 고맙습니다. 감사히 잘 입겠습니다.' 하고 입고 다니는 거야. 그게 그분이 주시는 마음을 먹는 거야.

그게 정말 싫고 부끄러우면, 이렇게 해. 이건 두 번째 방법이야. 아줌마가 주신 옷 입고 밖에 나가는 것도 부끄러우면, 돌돌 말아서 아무도 못 보게 품 안에 넣고 집으로 막 뛰어가. 그리고 집에 가서 아무도 못 보게 장롱 깊숙한 곳에 걸어놔. 안 입어도 돼. 그리고 아주머니에게 가서 '아주머니, 고맙습니다. 감사히 잘 입겠습니다.' 하고 이야기하는 거야. 이것도 마음을 먹는 방법이야. 물론 첫 번째가 제일 좋은 방법이지."

한참 사탕을 빨면서 생각하던 그 녀석은 다시 물었다.

"그럼 집에 어떻게 가져가요?"

"남이 입던 옷을 얻어 입는다는 생각만 하면 안 돼. 너를 위한 주변분들의 마음을 입는 거야. 입고, 나가서, 신나게 뛰어다니면 돼. 그게 그분들의 마음을 먹는 거야."

다시 곰곰이 생각하던 그 녀석은 이렇게 이야기의 마무리를 지었다.

"그럼, 아빠한테 선생님이 대신 이야기해주세요."

바쁜 회사생활과 잦은 야근, 출장으로 인해 제대로 돌보지 못한 아들이 행여나 잘못된 길로 어긋나지 않을까 노심초사하던 아버지. 그런 아버지를 아들은 무서워했다. 마음의 슬픔을 표출하기 위해 했던 행동들은 고스란히 '말썽쟁이'라는 이름표를 만들었고, 그때마다 뒷감당은 아버지의 차지였다. 녀석은 그것을 염려했던 것이다.

나는 그 자리에서 아버지에게 전화를 드렸고 자초지종을 설명 드렸다. 아버지는 연신 감사하다고 말씀하시면서 자주 찾아뵙지 못해서 죄송하다고 이야기하셨다. 그 녀석에게 잠바를 입히고 보내는데, 잠바가 맘에 들었는지 빙글빙글 돌며 여기저기 보더니, 이윽고 낄낄거리면서 입고 돌아다니기 시작했다. 그 녀석에게 마음을 먹이고 난 뒤에 늘 그랬던 것처럼 나도 눈물을 좀 흘렸다.

교육일을 하다 보면 기다리는 것과 방관하는 것의 차이에 대해서 자주 생각하게 된다. 변화의 시점이 언제인지는 모르지만 그때가 오기를 기다리는 것은 한 사람의 인격체로서 상대방을 인정하는 것이고, 방관하는 것은 인격체로 대하기보다 상대하기조차 싫은 무가치의 대상으로 인식하는 것이기 때문이다. 마음이 있는 이상 어느 누구도 자신을 방관하는 사람에게 마음을 열고 배우지 않는다.

그런 경험은 비단 어린 아이들을 통해서만 겪는 건 아니었다. 처음 보는 중고등학생들에게도 마음을 먹이면, 그 마음은 그대로 아이들에게 흡수되었다.

몇 년 전 있었던 일이다. 업무를 마치고 집에 도착해서 주차를 하고 있는데, 집 뒷골목에서 빨간불이 몇 개 깜빡깜빡거리는 게 보였다. 어두컴컴한 데서 담배를 태우는 학생들을 불렀다.

"야 거기, 너희 이리 와봐."

빨간불은 이내 바닥으로 떨어져서 꺼지고, 몇 명의 아이들이 주춤하다가 걸어 나왔다. 키가 크고 덩치가 큰 중학생 세 명이었다.

"너희 어디 학교 다니냐?"

"저는 ㅇㅇ중학교고요. 얘는 ㅇㅇ에요. 얘는 자퇴했어요."

"아 그래? 왜 자퇴했어?"

"그냥요."

"여기는 성격이 아주 별난 아저씨들이 많이 살거든. 너희들이 담배 태우다 걸리면 뭐라뭐라 하니까 좀 더 깊숙한 데서 피우도록 하고. 너네 공부하는 것도 힘든데 담배 태우는 것 때문에 처음 보는 아저씨들한테 욕 들으면 기분 좋냐? 그리고 담배꽁초 아무데나 버리면 안 돼. 여기 주변에 청소하시는 분들은 얼마나 힘드신지 아냐? 꽁초는 꼭 쓰레기통에 버렸으면 좋겠다. 그리고 어려운 일 있으면 연락해. 이건 음료수 사먹고."

그리고 명함이랑 5천 원을 지갑에서 꺼내줬다. 아이들은 내게 90도로 인사하면서 "다시는 여기서 담배 태우지 않겠습니다, 죄송합니다." 하고 이야기했다. 그리고 몇 년째 뒷골목에서 담배 피우는 녀석들을 보지 못했다.

그런 경험은 여러 번 있었다. 골목에서 대놓고 담배를 태우던 여고생들에게 가서 5천 원 지폐를 주면서 "숨어서 피워줘서 고맙다."라고 했을 때 예닐곱 명에 달하는 아이들이 고개가 땅에 닿도록 인사를 하며 배웅을 나온 적도 있었고, 동네 공원에서 대놓고 담배를 태우던 고등학생 몇 명에게 "근처에 사는 형인데 음료수 사줄까" 하고 물었더니 애들이 순순히 따라와서 음료수를 사주고, 대학 입시상담과 더불어 부모님과 원활하게 소통하는 방법에 대해 이야기해준 적도 있었다.

그렇게 종종 메시지를 주고받으며 도움을 받던 한 학생은 인천의 한 대학교에 입학해서 어엿한 성인으로서의 삶을 살아가고 있다.

사람의 마음을 움직이는 교육은 어느 특정한 사람이나 기관을 통해서만 가능한 게 아니다. 마음을 먹이는 방법만 알고 있으면 누구나 교육자가 될 수 있고 누구나 도움을 줄 수 있다.

나는 어떤 교육을 해야 하는가, 아이들에게 무엇을 가르쳐야 하는가 하는 고민은 자주 하게 되지만 무엇보다 마음을 먼저 먹이는 일이 우선이 아닐까 하는 생각을 자주 하게 된다. 교육의 가장 기본은 마음의 변화이기 때문에.

마음을 움직이는 대화

이른 새벽, 헬스장이나 수영장에 가보면 어디서 이런 사람들이 튀어나왔는가 싶을 정도로 많은 사람들이 건강한 하루를 시작하기 위해 모여 있는 것을 볼 수 있다.

러닝머신 위에서 열심히 달리면서 살을 빼는 사람, 무거운 덤벨을 들고 팔 근육을 키우는 사람, 삼삼오오 모여앉아 머리에 밴드를 두르고 열심히 훌라후프를 돌리는 사람 등등 다양한 사람들이 있다.

힘들게 운동하고 난 뒤에 찾아오는 개운한 느낌과 기분 좋은 통증은 큰 쾌감을 준다. 운동을 좋아하는 사람이라면 누구나 알고 있다. 조금씩 성장하고 있다는 사실을 일깨워주기 때문에 일부러 즐기기도 한다. 교육에 있어서 이런 마인드를 접목시키면 여러 가지로 많은 도움이 될 수 있다.

무슨 방면이든지 성장에는 고통이 따른다. 운동을 하는 사람들도 고통 뒤에 근육이 성장하는 기쁨을 맛볼 수 있고, 새로운 언어를 배우는 사람들도 외우고, 까먹고, 또 외우고, 틀리는 과정을 통해서 하나하나 문화를 이해하고 새로운 사람과 엮어나가는 즐거움을 맛본다. 학업도 마찬가지고, 혹은 친구관계나 결혼 같은 부분에서도 이 룰은 똑같이 적용된다. 비가 내린 뒤에 땅이 굳어진다는 속담이 괜히 나온 게 아니다. 인간관계에 있어서도 때가 묻는 과정이 필요하다. 오해하고, 다투고, 이해하고, 화해하는 과정에서 연단된 관계가 만들어진다. 돈독하고 끈끈한 우정과 사랑이 창조되는 것이다. 어느 분야에서든지 그런 과정이 필요하다.

힘든 것은 좋은 것이다.
어려운 일은 좋은 것이다.
스트레스 받는 것은 좋은 것이다.

지금보다 성장하는 사람이 되기 위해 가져야 할 마인드를 설명하는 표현 중에 이보다 좋은 표현은 없는 것 같다.

대부분의 사람들은 힘든 것을 싫어하고, 어려운 일도 싫어하며, 스트레스 받는 것도 싫어한다. 나도 마찬가지다. 그런데 다양한 방면에서 우리는 힘든 것을 즐길 때가 있고, 어려운 일도 즐길 때가 있으며, 스트레스를 즐길 때가 있다. 운동할 때와 공부할 때 그렇다. 교육에 있어서 이것보다 적절한 표현이 있을까 싶다. 그리고 그 적절한 표현은 꼬마숙녀의 마음에도 똑같이 적용할 수 있었다.

초등학교에 입학하는 8살짜리 꼬마숙녀가 공부하는 것을 참 힘들어했다. 머리가 나쁘다거나 이해력이 느린 것도 아니었다. 두어 번 받아쓰기를 해보고 난 뒤에 일사천리로 써내려가는 또래 아이들보다 약간 느린 감은 있었지만 그렇다고 문제가 될 정도는 아니었다. 다만 어린 마음에 여러모로 힘들 수도 있겠다는 생각이 들었다. 내가 못한다는 생각, 뒤처진다는 생각, 선생님도 나를 싫어하겠구나, 하는 생각 등등. 그런 생각들 때문에 공부하는 것을 힘들어했고 밝고 예쁜 얼굴이 점점 어두워졌다.

마음은 보인다. 나이가 많은 어른들도 자신의 감정을 다스리는 데 서툴러서 돌이킬 수 없는 실수를 하는데 어린 아이가 얼마나 마음이 상했을까 생각이 되었다. 표정에서, 고사리 같은 손의 꼼지락거림에서, 우물우물 몇 마디 나오는 대답에서, 여러 가지로 힘들어하고 어려워한다는 것을 느낄 수 있었다.

꼬마숙녀를 앉혀놓고 이야기를 시작했다.

"힘든 건 아주 좋은 거야. 힘든 건 지금 머리가 똑똑해지고 있다는 말이거든. 열심히 운동하는 사람들이 아이고 힘들어, 아이고 무거워라고 하면서 운동하는 이유는 지금보다 더 건강해지고, 더 예뻐지고, 더 잘생겨지기 때문에 하는 거야. 힘든 거 엄청 좋은 거야. 지금 머리가 똑똑해지고 있구나, 내가 영리해지고 있구나, 하고 생각하면 돼. 그거 엄청 좋은 거야."

이제 겨우 몇 마디 단어를 이야기할 줄 아는 꼬마숙녀는 내 말을 듣고 고개를 끄덕끄덕거리더니 나중에는 배시시 웃기 시작했다.

때로 우리는 현실의 문제 앞에 너무 집중한 나머지 앞으로 일어날 크고 거대한 일을 보지 못하는 경우가 있다. 교육에 있어서 그런 현상은 더 자주 일어난다. 마치 지금 받아오는 성적표와 학교에서의 석차, 보잘것없는 모의고사 점수와 대단찮게 보이는 학벌이 인생의 거대한 암세포로 성장하기라도 할 것처럼 조급하게 대하는 경우가 얼마나 많은가? 하지만 사람의 일은 알 수 없는 것이다. 앞으로 얼마나 크게 성장할지 누구도 알지 못한다.

회사생활을 할 때 친하게 지내던 상사에게 들은 이야기다.

"고등학교 다닐 때 별명이 까마귀라는 놈이 있었거든. 얼굴이 까맣고 키가 땅딸만해서 별명이 까마귀였어. 공부는 얼마나 못하는지 하루는 전 과목에서 빵점을 맞은 거야. 선생님이 까마귀를 불러놓고 한숨을 쉬면서 '야 까마귀. 넌 이래 가지고 나중에 뭐 먹고 살래?' 하고 물어보셨거든. 선생님도 어처구니가 없었는지 그냥 웃으시더라. 근데 까마귀 대답이 더 가관인 게 자기는 당구장 사장이 되겠다는 거야. '선생님, 저는 나중에 당구장 사장할 겁니다.' 이러는데 선생님이 '이놈아, 수학도 빵점 맞는 놈이 손님들 돈 계산은 어떻게 해줄래?' 하고 이야기하셨거든. 애들이 웃고 난리가 났지. 그 까마귀가 지금은 부산에서 제일 큰 당구장을 2개 운영하고 있어. 외제차 한 대랑 데일리 카로 국산차 한 대 타고 다니는데, 참 성공했지."

어느 시골에 병약한 남자가 살았다. 몸이 너무 약해서 일을 할 수도, 사람을 만날 수도 없었다.

그는 매일 하나님께 기도를 하기 시작했다.

"신이 계신다면 제게 건강한 육체를 주십시오. 힘을 주십시오."

어느 날 꿈에서 '사랑하는 아들아, 집 뒤의 바위를 매일 빠짐없이 1년 동안 밀어라.'는 하나님의 음성을 듣고 매일 바위를 밀기 시작했다. 꿈쩍도 하지 않는 거대한 바위였지만, 그는 의심하지 않고 바위를 밀기 시작했다. 1년여의 시간이 흐른 뒤 확인해보니 바위는 조금도 움직이지 않았다. 너무나 실망한 그는 지난 세월의 헛수고에 원망과 불평을 늘어놓았다. '이게 뭐지? 바위를 밀라고 해서 그렇게 열심히 밀었는데 조금도 움직이지 않았네. 도대체 나는 뭘 한 걸까?' 하나님을 향해 원망하는 마음이 들었다.

그때 하나님의 음성이 들렸다.

"사랑하는 아들아, 왜 그렇게 슬퍼하지?"

"하나님 말씀대로 바위를 밀었는데 바위가 전혀 옮겨지지 않았습니다. 왜 이런 일을 시키셨는지 모르겠습니다."

하나님이 말씀하셨다.

"나는 네게 바위를 옮기라고 말한 적이 없단다. 이제 거울로 가서 네 모습을 보렴."

거울 앞에 선 남자는 변화된 자신의 모습에 깜짝 놀랐습니다. 거울에 비친 남자는 병약한 남자가 아니라 근육질의 건강한 남자였다.

"지난 몇 개월 동안 밤마다 하던 기침이 없어졌구나! 매일 기분이 상쾌했었고, 잠도 잘 잤었지."

하나님의 계획은 거대한 바위를 옮기는 것이 아니라 그의 삶을 변화시키는 것이었다. 그에게 일어난 변화는 '바위를 옮겼기 때문'이 아니라 '바위를 밀었기 때문'이었다.

　언젠가 웹서핑을 하다가 본 글이다. 누가 썼는지도, 어디에서 유래된 것인지도, 사실인지 아닌지도 모른다. 종교를 가진 사람이 전도 시 예시를 들기 위해 만든 이야기인지 모르겠지만, 그러나 여러모로 많은 생각을 할 수 있게 도와준 글이었다. 때로는 출처를 알 수 없는 글이 마음에 큰 울림을 주는 경우도 있는 것이다.
　공교육뿐만 아니라 우리가 살면서 만나는 모든 교육의 참된 목적이 잘 살기 위해서, 혹은 좋은 집과 좋은 차를 사기 위해서, 혹은 돈을 많이 벌어서 떵떵거리며 살기 위함이 아니라 나를 먼저 바꾸기 위함이라는 것으로 바꾸어 생각할 수 있다면, 굉장히 깊이 있고 심오한 마인드를 배울 수 있다. 교육 본래의 목적은 지식을 쌓는 것보다 마음의 변화가 아닐까 생각해본다. 마음이 변화한 사람은 모든 일을 할 수 있다고 믿기 때문이다. 약한 마음에서 강한 마음을 가진 사람으로 변화한 사람, 주눅 든 마음에서 당당한 마음을 가진 사람으로 변화한 사람. 이런 사람이 모든 일에 중심이 될 수 있다고 생각한다. 그러고 보면 세상은 마음이 강한 사람이 늘 이끌어가지 않았나 생각해본다. 누구나 할 수 있는 일을 쉬지 않고 반복적으로 행할 수 있는 마인드를 가진 사람만이, 결국에는 아무도 해내지 못한 일을 해낸 사람이 되어 있었기 때문이다. 나는 어떤 마음을 가지고 대화하며, 하루를 살 것인가?

신뢰를 만드는 자세

무비판적으로 안일한 태도를 갖는다든지 본인의 신념과 뚜렷한 가치관을 이야기하는 학생을 만날 때, 나누고자 하는 이야기의 주제와 상관없이 논쟁적 어조로 이야기하며 다소 불편한 관계가 형성되는 경우에 교사는 학생을 설득하고 이해해야 할 필요가 있다. 학생의 어조에 맞춰 감정적인 대응과 비슷한 수준의 언쟁을 벌이게 될 경우에 합리적인 대화나 상호 존중할 수 있는 관계가 유지되기는 어렵다. 학생이 강경한 입장으로 나올 때 교사는 자제력을 가지고 학생을 대하는 게 중요하다. 서로를 이해하기 위해서는 교사의 입장에서 느티나무나 바다, 혹은 강이 되어야 할 때도 있는 법이다. 소크라테스는 이성적 원리를 지니고 있는 사람의 정신을 칭찬하는 이유는 그 정신이 올바른 일을 하게 해서 최선의 목적에 나아가게 하기 때문이며(아리스토텔레스, 《니코마코스 윤리학》, 〈영혼의 탁월성〉, p. 33, 동서문화사), 모든 부분에서 절제하는 방법을 배운 사람은 선택에 의해서 절제를 한다고 이야기했다(앞의 책, 〈합리적인 선택〉, p. 56).

　　교사는 학생을 대할 때 기본적으로 절제할 줄 알아야 하는데 감정적 절제를 가장 중요하게 생각해야 한다. 의견의 대립은 서로에 대한 이해가 부족하거나 적절하지 않은 단어 사용의 결과로 빚어지는 경우가 대부분이다.

　　교사는 기본적으로 교육을 하는 사람이므로 잘 듣는 법을 배우지 못한다. 듣는 법과 이해하는 법을 배우지 못한 교사는 가르치는 것에만 치중하므로 싫어하는 소리 듣는 것을 거북스러워한다. 잘 듣는 법을 배우면 잘 말하는 법을 알게 되고, 결국 진실한 관계를 맺는 데 성공할 수 있다. 공교육 현장에서 질문과 활기가 사라지고 무미건조한 분위기가 형성되는 이유는 무엇인가? 신체 발육과 정신적 성숙으로 인한 내적 충동으로 여러 부분에서 어려워하는 사춘기 학생들에게 활기찬 분위기와 쏟아지는 질문 세례를 요구한다는 것은 결코 쉬운 일은 아니지만 듣지 않고 가르치는 교사의 교육에 대한 일방적인 관점도 변화되어야 할 부분이다.

　　가르치는 학생 중에 어떤 학생이 질문을 했다.
　　"선생님, 13쪽까지 문제 풀이하라고 하셨는데 5쪽까지만 하면 안 돼요?"
　　"응 안 돼, 13쪽까지 해야 돼."
　　"왜요? 다른 애들은 5쪽까지 하라고 하셨으면서 저는 왜 안 되죠?"

이때 뭐라고 대답할 것인가?

"선생님이 하라고 하면 그냥 할 것인지 무슨 말이 많냐, 너는 공부 못하니까 그렇지, 너는 계속 떠들고 장난만 쳤으니까 벌주는 거야."

어떤 게 가장 효과적인 대화법인가?

효과적인 방법은 앞 장에서 다루었던 것과 같이 솔직하게 털어놓고 이야기하는 것이다. 대부분의 교사들은 이 상황에서 학생의 마음을 변화시켜주는 방법보다 강압적인 방법을 선택하는 게 대부분이다. 시기적절하게 강압적인 방법이 필요한 때도 있다. 완곡한 학생에게는 완곡한 방식을 대입함으로써 서로에 대해 소통할 수 있는 물꼬를 틔어주는 것도 필요하기 때문이다. 하지만 최소한 대화를 나눌 때 서로를 이해하기 위해서 우리는 어떤 노력을 기울여야 하는지에 대해 이야기해보고 싶다.

나는 이렇게 답변했다.

"먼저 두 가지를 분명히 알아두길 바란다. 첫 번째는 선생님은 너를 미워하지 않는다는 것, 두 번째는 문제풀이 페이지는 별로 중요하지 않다는 것인데 10쪽까지 해도 좋고 13쪽까지 해도 좋다는 것이다. 선생님이 너희들에게 가르쳐주고 싶은 것은 하기 싫어하는 일도 배우려는 자세로 하는 마음이다.

너희들 대부분은 하기 싫어하는 일은 하지 않고 좋아하는 것만 하려는 습관이 있다. 어른도 마찬가지다. 하지만 어른이 되면 자신의 원함과는 상관없이 하기 싫어하는 일을 해야 할 때가 있다. 선생님도 어른이지만 싫어하는 일은 하기 싫고 좋아하는 것만 하고 싶어. 힘들고 고통스럽지. 하지만 싫어하는 일도 한 단계 한 단계 해나가면서 성취감도 맛보고 지금보다 조금 더 성장하는 거야. 그런데 어릴 때부터 하기 싫어하는 일은 하지 않고 자기가 좋아하는 일만 해오던 사람들은 나중에 어떻게 되는지 아니? 다른 사람들이 보기에 정말 보잘것없는, 별 볼일 없는 일을 하는 사람으로 평생을 살아간다. 선생님은 너희들이 하기 싫어하는 일을 할 수 있는 마음을 알려주고 싶은 거다."

"음, 알겠어요."

30분 동안 불과 2페이지도 채 못 풀던 학생은 대화를 마치고 난 뒤 10분 만에 13페이지까지 문제풀이를 모두 끝마쳤다.

또 다른 예는 학생들에게 이미 역사적으로 존경할 만한 인물의 생각과 관점이 잘 드러난 글을 알려주는 것이다. 나는 사고로 부모님을 잃고 정신적으로 힘들어하는 학생들의 책과 노트에 종종 인용 글을 적어주곤 했는데 그 중에는 니체의 글도 있었다. '위험하게 살라.'는 문장이었다.

"선생님, 이게 뭐에요? 위험하게 살라고요?"

"위험하게 사는 거 좋은 거야."

짧은 대화 속에서 아이들은 고개를 갸우뚱거리면서 문장을 받아 적었다. 그리고 조금씩 변화하는 아이들의 모습을 볼 수 있었다. 역사적인 인물들의 분명한 관점과 신념이 드러난 글귀를 아이들에게 이야기하며 내가 받았던 감동과 느낌들을 이야기해주는 것은, 지금 당장이 아니더라도 아이들의 인생 속에 언젠가 작은 파동을 일으키게 될 것이라는 믿음을 주었고 그 믿음대로 아이들은 이전보다 성적이 향상되었다든지 밝은 성격을 되찾는 식으로 작은 변화들을 만들어냈다. 아이들의 작은 변화는 훨씬 더 큰 불꽃으로 변화할 것이라 믿는다.

시대를 앞서 가는 사람들에게 있어 탁월한 점 하나는 세상이 어떻게 흘러가는지를 남보다 훨씬 더 정확하게 예측할 수 있다는 것이다. 앞으로 세상의 변화를 예측하기 위한 여러 가지 방법들이 있는데 그중 하나는 역사를 통해서 얻을 수 있다는 사실이다. 역사는 곧 과거 수백 년 혹은 수천 년 동안 인류가 겪은 중요한 경험적 사실들의 연결이자 점들이다. 그런 역사 속에서 각 시대마다 중요한 획을 그었던 인물들의 신념을 담은 문장들을 아이들에게 전해주는 것은 실로 큰 의미가 있다고 생각한다. 그들의 신념이 담긴 어록들은 사실 진리와도 비견될 수 있는 문장들이기 때문이다.

그런 직접적인 인용 글이나 문장들 외에도 타인에게 충분히 귀감이 될 수 있는 구체적이고 입증된 자료들을 제시해주는 것도 도움이 될 것이다. 언젠가 중학교에 입학한 뒤 공부를 힘들어하던 중학교 1학년 여학생에게 세계 최상위권 대학교를 우수한 성적으로 졸업하고 서울대학교에서 석사를 받은 뒤 UN에서 근무하던 청년이 한국의 어느 대안고등학교에서 박봉의 월급을 받으며 영어를 가르치는 교사가 된 이야기를 해주었다. 성공적인 인생을 살 수 있는 수많은 조건들을 가지고 있음에도 불구하고 지금 현재 살아가는 삶의 모습에 대해 이야기하며 인생에 있어 진정 중요한 가치는 무엇인가에 대해 이야기해주었다. 짧은 대화를 통해 그 여학생에게 얼마나 많은 영향을 미쳤는지 잘 모르겠지만, 어쨌건 교사라는 존재는 적당한 위로와 노력에 대해 격려하는 차원의 이야기만 하는 것보다 훨씬 더 많은 정보와 지식, 그리고 세밀하게 마음을 헤아리고 이끌어줄 수 있는 심리학 연구도 놓치지 말아야 하는 게 기본 덕목이 아닐까 생각해본다.

교사가 학생을 대할 때는 수많은 벽을 만나기 마련이다. 살아온 환경과 가치, 윤리적이고 도덕적인 측면에서의 이해도는 교사의 경험과 나이가 많아질수록 달라지고 이해할 수 있는 폭 또한 좁아지기 마련이다. 지식과 경험이 쌓이는 반면 수많은 기준과 틀이 생기게 되고 듣기보다 가르쳐야 하는 입장에서 평생을 살아온 사람들이므로 열정과 신념보다 지식의 범위 내에서 학생들을 관리하는 데 중점을 두기 쉽다. 무엇보다 열정적으로 변화에 대한 의지와 그에 대한 확고한 신념을 이야기할 수 있는 교사의 능력이 가장 중요하다. 지금 처해있는 상황에서 노력을 통해 얻어지는 것들이 무엇인지, 왜 공부해야 하는지, 무슨 노력을 해야 하며 그에 대한 가장 이상적인 결과물이 무엇인지 분명한 확신과 열정을 담아 이야기하는 교사에게서 아이들은 영혼 깊은 곳에서 우러나오는 깊은 감동과 인상을 받게 될 것이다.

'너만 한 나이 때는 다 그런 고민을 한단다.' 하는 식의 무분별한 대처와 애매하고 신뢰를 느낄 수 없는 완곡한 표현으로 아이들을 대하는 교사에게서 교훈이나 삶의 지혜를 얻기는 어렵다. 교사가 살아

있는 진정성과 강력한 신념으로 다가갈 수 있다면, 그에게서 나오는 지적이고도 사실적인 경험으로부터 아이들은 많은 깨달음을 얻을 수 있을 것이다. 아이들의 기억에 남는 교훈은 공책에 빼곡하게 적힌 지식으로 말미암는 것이 아니라 교과서에 적혀 있는 수많은 수학기호에서 나오는 것도 아니다. 확신과 분명한 신념이 담긴 교사의 눈빛과 목소리에서 나오는 믿음의 메시지다.

어떻게 서로를
이해하는가

창의적 사고의 법칙

수업을 하다 보면 아이들이 질문을 한다.

"선생님 이거 뭔지 모르겠어요."

"선생님, 이거 어떻게 하는 거예요?"

문제를 가지고 오는 아이들의 문제집은 답을 적었다가 지운 흔적이 있거나 아예 빈칸인 경우가 많다. 그럴 때 나는 똑같이 이렇게 이야기하고 아이들을 돌려보낸다.

"모르면 생각해."

창의적 인재들이 발휘한 창의성으로 말미암아 우리가 누리는 수많은 문명의 혜택이 이루어진 것처럼, 인간이 가진 지적 능력 중에서도 가장 위대하며 가치창출지수가 높은 부분이 바로 창의성이다. 우수한 두뇌와 창의성을 가진 소수 인재들로 말미암아 불과 수십 년 만에 인류의 시대는 어마어마한 속도로 변화해왔다. '새롭고 독창적이고 유용한 것을 만들어내는 능력'이라는 의미를 가진 창의성은 영어로 'creativity', 즉 새로운 것을 창조해내는 것을 의미한다.

그럼 창의성은 왜 그토록 중요하며, 창의적으로 생각한다는 것은 어떤 것인가? 대부분 사람들에게 창의성에 대해서 질문을 하면 비슷한 대답이 돌아온다. '새로운 것, 뭔가 튀는 것, 독특한 것' 등등. 창의성에 대해서 어렴풋하게 알고는 있지만 자세히 설명하기 어려운 이유 중 하나는 창의적인 사고를 별로 하지 못하고 살아왔기 때문이다. 성인이 되어서 사회에 나오기 전까지 창의성을 요구하는 일은 별로 없다. 성적과 시험만으로 평가받는 곳이 학교이기 때문에 외우고 시험을 잘 치는 것만으로도 우수한 두뇌를 가진 집단에 충분히 속할 수 있는 자격이 되었던 것이다.

하지만 사회에 진출해서 새로운 프로젝트를 진행하거나 어떤 팀에 속해서 실수가 용납되지 않는 결과물을 제시해야 할 때 어김없이 민첩하고 톡톡 튀는 창의성이 필요하게 마련이다. 어릴 때부터 창의적으로 훈련하는 습관이 되어 있지 않는다면 시험과 결과만으로 평가되는 학창시절을 보내고 사회에 나오는 대부분의 성인들처럼 비슷한 길을 걷게 될지도 모른다.

창의성이라는 단어는 나에게도 생소한 단어였다. '뭔가 엉뚱한 구석이 있다.'는 말은 종종 들었지만 특출하게 뭔가 할 줄 아는 지식이나 노하우가 없었으므로 인생에서 이렇다 할 결과물을 내기는커녕 실패의 연속인 인생이었다. 서른 중반이 되어서야 고전과 클래식, 희곡과 심지어 라틴어에 흥미를 가지게 되었던 것도 이 때문이었다.

노무현 전 대통령 당시 연설비서관으로 재직했던 강원국 전북대 초빙교수는 그의 저서 《대통령의 글쓰기》에서 창조력에 대해서 이야기한 바 있다.

창조적 아이디어는 어느 날 갑자기 찾아오지 않는다. 그런 점에서 영감이나 직관과는 다르다. 죽을힘을 다해 몰입해야 나오는 것이 창조력이다. 열정과 고민의 산물이며, 뭔가를 개선하고 바꿔보려는 문제의식의 결과물이다. 글쓰기도 마찬가지 과정이라고 생각한다. 집중하고 몰입해야 한다. 절박해야 한다.

2007년 5·18 민주화 운동 27주년 기념사를 쓸 때다. 대통령에게 보고할 날짜가 다가오고 있었다.

(… 중략 …)

발을 동동거리며 몇 날 며칠을 그것만 생각했다. 밥 먹을 때도 걸어 다닐 때도. 궁하면 통한다고 했던가. 며칠 후 꿈속에서 글이 술술 써졌다. 깨자마자 부리나케 메모했는데, 처음부터 끝까지 완벽하게 맞아떨어지는 글이었다

– 강원국, 《대통령의 글쓰기》, p. 46, 메디치.

창의력의 기본은 몰입과 묵상이다. 창의력이 없는 사람은 몰입하고 묵상하지 않은 사람이고, 더 쉽게 이야기하자면 생각하지 않는 경우라고 할 수 있다. 나는 학생들이 생각하지 않고 질문하는 것을 싫어한다. 으레 "선생님, 모르겠어요." 하고 나를 부르는 아이들의 대

부분은 생각하는 것의 즐거움을 배우는 시기를 거치지 못했기 때문인데 그 힘을 길러주는 것이 교사의 능력이라고 생각했다. 고작 초등학교 2, 3학년 수준의 문제였고 지문에 답이 나와 있는, 그야말로 제대로 읽고 조금만 생각하면 나오는 답이지만 찾지 못한다는 것은 생각하는 힘이 약하다는 것이므로 힘을 길러줘야 했다.

아무리 깊이 있게 생각해봐도 쉽게 답이 나오지 않는 문제를 해결할 수 있는 능력, 누구도 생각하지 못한 다양한 관점으로 사고할 수 있는 능력이 창의성의 가장 큰 특징이다. 창의성은 창의성에 관한 책을 보거나 전문가의 강의를 들어서 습득될 수 있는 것도 아니고 스스로 끊임없이 생각하고 구상하면서 범위를 넓혀가야 하는 지적능력이므로 얼마나 많이 생각하느냐에 따라 다양성을 갖출 수 있다.

최근에 만난 중학교 학생이 있다. 공부에는 큰 흥미가 없지만 잘하고 싶고, 무엇보다 꿈이 있는 친구였다. 나는 그 친구에게 10가지 행동강령을 알려주었고 매일 지키라고 이야기했는데 다음과 같다.

1. 하루 30분 이상 운동하기
2. 《성경》매일 30~60페이지 읽기
3. 자기암시 20번 쓰기 (나는 세계 최고의 학생이다.)
4. 세계의 명연설 영어 오디오 듣고 조금씩 외우기
5. 부모님, 친구들과 30분 이상 대화하기
6. 30분 이상 독서하기

7. 목표 리스트를 지속적으로 작성하고 벽에 붙여놓기

8. 주변 사람들에게 신뢰 쌓기

9. 그날 배운 공부 복습하고 예습하기

10. 과목당 한 장씩 예습복습노트 쓰기

일주일에 한두 번 만날 때마다 나는 행동강령을 꾸준히 지속하고 있느냐고 물었고, 그 학생은 몇 개 빼먹은 거 말고는 꾸준히 하고 있다고 이야기해주었다. 종교와는 별개로 2번《성경》읽기는 매일 꾸준히 접하는 것만으로 매우 깊이 있는 사고력과 창의력이 향상된다고 생각했기 때문에 권유를 했으나 거부반응이 있었는지 시도하지 않았고, 나머지 한두 개 빼먹은 거 말고는 꾸준히 실천하는 모양이었다. 오랜 시간이 지나지 않아 내가 일러준 10가지를 매일 꾸준히 실천하면서 그 학생의 오답률은 눈에 띄게 줄어들었고 집중력 또한 눈에 띄게 향상되었다.

이런 과정을 통해 스스로 생각할 수 있는 힘이 길러진다면 더 어려운 문제나 학습상의 과정이 진행되더라도 무리 없이 공부를 지속해나갈 수 있게 된다. 생각하는 힘이 길러지면 정신력이 강해져서 여러 부분에서 성숙됨을 느낄 수 있다. 비단 학습적인 것뿐만 아니라 창의적으로 생각할 수 있는 두뇌, 즉 생각하는 힘이 길러지기 때문에 이전보다 더 빠른 속도로 여러 부분에서 성장할 수 있을 것이다.

수많은 교사들은 오래 전부터 학생들이 말썽을 부리지 않고 제자리에 앉아서 교사의 말에 집중하며 대답을 잘하기를 바라왔다. 하지만 교사의 말에 의미 없이 대꾸하고 반응하는 것만으로 학생들에게 남는 것은 무엇인가?

교사가 할 수 있는 것은 교육의 본질이 흐려지지 않도록 방향을 제시하는 것이고, 학생의 의무는 공부의 요지가 무엇인지에 대해 끊임없이 생각하고 그 해답을 찾는 것이다.

우리는 왜 공부를 해야 하는가? 왜 대학에 가야 하는가? 누구도 알려주지 않는, 하지만 결코 중요하지 않다고 이야기할 수 없는 미지의 문제들에 대해 끊임없이 질문을 던지고 해답을 구하는 과정이 필요하다. 그런 과정을 통해서 생각하는 힘이 길러지고 창의성이 향상된다면 시간이 흐르면서 엄청난 속도로 발전되는 자신을 발견할 수 있다.

똑똑한 선택을 하는 방법

　몇 달 전 충격적인 사건이 발생했다. 불친절하다는 이유만으로 일요일 오전 8시경 피시방에서 알바 중이던 20세 남성을 흉기로 무참히 살해한 사건이었다. 가해자는 29살의 젊은 남성이었는데 10년 동안 우울증 약을 복용했다고 이야기했다.

　만약 가해자가 불친절한 피시방 알바생을 보고 이렇게 생각했더라면 상황은 어떻게 달라질 수 있을까?

　'젊은 친구가 좀 불친절하네. 하긴 알바 한다고 일요일 아침부터 고생하는데 피곤하면 그럴 수도 있지. 음료수라도 한 잔 사줘야겠어.'

　그리고 따뜻한 자판기 커피 한 잔 건네주면서 '아까 좀 불친절해서 기분이 참 나빴는데, 일요일 아침부터 아르바이트 하느라 힘들어서 예민했던 것 같다. 그래도 우리는 손님이니 최선을 다해달라.'고 이야기했었더라면 훨씬 긍정적인 상황이 만들어지지 않았을까? 올바른 선택을 할 수 있는 좋은 방법은 타인의 시선에서 바라보는 것과, 앞으로의 상황을 미리 생각해보는 것이다.

여러 세대를 거쳐 오는 동안 거대하게 발달된 문명 속에서 많은 선택권이 생겨났다. 그러면서 사람들은 다양한 대안들의 속성을 꼼꼼하게 살펴본 다음에 가장 올바른 선택을 하기 위해 많은 생각을 한다. 하지만 선택에 대한 결정권이 많아질수록 긍정적이고 대안적인 결정을 내리기보다 현실적인 대안들을 결정하는 경우가 많고 앞서 이야기한 사건처럼 충격적인 결과가 나오는 경우도 발생한다. 그런 결과가 발생하는 이유는 단순한데, 타인이 생각하는 자신의 모습보다 본인이 생각하는 자신의 모습이 평균 이상이라고 생각하기 때문이다.

세계적인 베스트셀러 《넛지》의 저자이자 2017년 노벨경제학상을 수상한 시카고대학 경제학 교수 리처드 탈러는 그의 저서에서 대다수의 학생이 자신이 상위 20% 이상에 든다고 생각하고 있으며, 90%에 육박하는 사람들이 자신의 운전 실력에 대해 평균 이상이라고 생각한다고 이야기하고 있다. 심지어 대학교수들의 94%도 자신이 다른 교수들보다 낫다고 생각하며, 이혼 가능성이 희박하다고 이야기한 신혼부부의 약 50%가 이혼으로 끝을 맺는다고 이야기했다(리처드 탈러, 《넛지》, 〈비현실적 낙관주의〉, p. 58, 리더스북).

나는 학창시절, 내가 괜찮은 사람이라고 생각했다. 크게 모자란 게 있는 것도 아니고, 인물 있다는 이야기도 종종 들었기 때문에 이 정도면 괜찮다 하는 마음을 가지고 있었다. 하지만 지금 와서 돌이켜보면 나는 그야말로 별 볼일 없는 사람이었다는 것을 고백한다.

그 당시 나는 아무것도 흥미가 없었다. 중학교에서는 전교 350명 중에 300등 정도의 수준밖에 되지 않아서 턱걸이로 겨우 하위권의 인문계 고등학교를 들어갔고, 고등학교에 가서도 아무런 비전을 찾지 못해서 성적에 맞춰 지방의 작은 국립 대학교에 들어갔다. 대학에 가서도 장학금은 한 번도 받지 못했고 심지어 졸업할 때 평점은 4.5점 만점에 3.0밖에 되지 않았다.

대학을 졸업하고 나서 막노동을 한 적도 있고, 사업을 실패해서 김치 몇 조각에 밥만 먹은 적도 있었다. 그렇게 점점 나이가 들어가면서 내가 참 어리석고 부족한데다 잘할 수 있는 것도 별로 없는 사람이라는 것을 발견하고 깜짝 놀랐다. 돌이켜보면 가치 있고 올바른 선택을 하지 못하는 이유는 지식과 정보의 부족 때문이 아니라 평균 이상으로 나를 생각하는 마인드에서 시작된다는 것을 알 수 있었다.

세계적인 리더십의 권위자 스티븐 코비는 그의 저서 《성공하는 사람들의 8번째 습관》에서 듣기의 5단계에 대해서 이야기하는데 다음과 같다(스티븐 코비, 《성공하는 사람들의 8번째 습관》, 〈제3의 대안을 찾는 기술〉, p. 268, 김영사).

1. 무시하기
2. 듣는 척하기
3. 골라서 듣기
4. 주의해서 경청하기

5. 공감적으로 경청하기

대부분의 사람들은 말하고 읽고 쓰는 훈련은 받았지만 듣는 훈련은 받지 못했기 때문에 50%에 육박하는 가장 중요한 커뮤니케이션의 기술인 듣기는 가장 취약하다고 이야기한다.

내가 학생들을 관리할 때 하루에 20번 정도는 꼭 반복하는 이야기가 있다.

"선생님 지금 다른 사람이랑 대화하는 거 보이지? 대화 끝나고 이야기하자."

어린 아이들은 마음이 쉽게 들뜨고 감정에 쉽게 좌지우지되기 때문에 기본적으로 듣기를 잘 못한다. 다른 사람의 이야기를 듣는 것보다 내가 할 말을 먼저 하는 게 중요하다고 생각하기 때문이다. 그런 면에서 나이가 어린 학생들을 위해 공감적 경청을 하는 것은 어렵다. 학생의 말을 완전히 무시하거나 명목상 듣는 척하는 것이 편하다고 느껴질 때도 있다. 하지만 이런 상황에서도 학생의 말을 경청하고 들을 수 있다면 학생들은 분명히 그 사실을 느낀다. 어린 아이에게는 작은 세계가 있고 어른에게는 어른의 세계가 있는 것처럼.

다음은 2018년 10월 초등학교 2학년 학생이랑 나눈 대화다. 대화를 나누는 도중 혹시라도 말에 실수가 있지 않을까 싶어 녹음을 해두었고 그대로 옮긴 대화문이다.

"외삼촌도 술 많이 드세요."

"아 그래? 왜 술을 많이 드실까?"

"원래 안 드셨는데 외숙모 안 계셔서 술 많이 드세요."

"외숙모?"

"외숙모 하늘나라 가셨어요."

"아, 언제?"

"제가 태어나기 전에요. 사촌오빠 엄마. 교통사고 때문에요. 차에 쾅."

"삼촌은 그럼 혼자 사셔?"

"네. 할머니 집에서 사촌오빠랑 같이 살아요. 강아지도 있었는데 강아지가 감기 때문에 하늘나라 갔어요."

"외숙모가 돌아가셨으면 외삼촌은?"

"외삼촌은 아직 있어요. 할머니랑."

"선생님이 중요한 거 알려줄게. 사람은 언젠가는 죽게 돼. 대부분의 사람은 학교를 졸업하고 회사원이 되어서 직장생활을 하다가 결혼하고 행복하게 살다가 죽어. 그런데 인생은 항상 그렇지 않아. 아플 수도 있고 사업에 실패할 수도 있고 힘든 시간을 보낼 수도 있고 성공할 수도 있어. 누구는 이혼을 하고 어려움을 겪고, 자식을 낳고 어려움을 겪기도 해. 인생은 이렇게 흘러가.

그런데 이런 인생을 살아가는데 사람들이 모르는 게 있어. 마음이 강한 사람, 마음이 튼튼한 사람은 쉽게 이겨낼 수 있어. 그런데 마음이 약한 사람은 이런 어려운 일이 있을 때 이겨낼 수 없어. 술도 많이 마시고 그러거든."

"어? 우리 아빠 그런데. 그래서 아빠 술 마시고 담배 피우고 집에 와서 단호박 먹어요. 호박 먹으면 나쁜 성분이 몸에서 사라진대요."

"아빠가 담배 피우시고 술 드시는 거 왜 그러는지 알아?"

"몰라요. 왜요?"

"너랑 동생 때문에 그래."

"저요? 왜요?"

"부모는 항상 자식을 위해서 희생하는 법이야. 예쁜 딸이랑 아들 얼굴 보면서 이겨낼 수 있는 거야. 선생님도 너 보면 아유 이뻐라 하는데 아빠 눈에 너는 얼마나 예쁠까?"

"천만, 백만 더 예뻐요."

"그렇지. 그래서 엄마, 아빠 사랑해요 하는 마음을 가지고 있어야 돼. 마음이 강한 사람은 어떤 어려운 일이든 이겨낼 수 있어. 강한 마음을 가져야 돼, 알겠지?"

"네! 강한 마음!"

20세기 초반 북아메리카 뉴욕 북부에 실존했던 모호크, 오네이다, 오논다가, 카유가, 세네카 5부족의 연합인 이로쿼이iroquois 인디언 연방은 여러 부족이 연합으로 모여 있음에도 불구하고 분쟁이나 다툼이 없었다고 한다. 인디언 추장의 지팡이를 형상화해서 정교하게 조각된 1.5m 크기의 아름다운 지팡이를 들고 발언하는 있는 사람은 자신이 하고 싶은 이야기를 충분히 할 수 있었고 나머지는 지팡이를 든 사람이 이야기를 다 끝마칠 때까지 경청하며 서로의 의견을 조율할 수 있었기 때문이다. 토킹스틱talking stick이라고 불리는 이 지팡이는 미국 원주민 사회에서 수백 년 동안 중요한 존재였고 연방 국가인 미국의 건국을 위해 벤저민 프랭클린을 포함한 미국의 저명인사들은 미국 건국의 정신을 토킹스틱을 통해 배우기도 했다. 과반의 요구를 따라 소수가 굴복하는 형식이 아닌 모두가 인정할 수 있는 최선의 방법을 배웠던 것이다(앞의 책, p. 274.).

전달하고자 하는 말의 내용이 충분히 정리되지 않았음에도 불구하고 북받친 감정을 토해내기 위해 장시간 이야기를 끌고 나가거나, 장황한 설명을 늘어놓는 주먹구구식 발언과 같은 문제점을 해결하기 위해 시간적 제한과 불필요한 언어 사용을 금지하는 등의 규칙들이 필요하다는 단점이 있지만, 토킹스틱을 통한 경청의 자세가 얼마나 중요한지를 알 수 있는 부분이다. 타인에 대한 경청과 상호존중의 자세는 깊이 있는 대화에서 시작해서 긍정적인 결과를 도출하기까지 큰 역할을 담당한다.

올바른 선택과 커뮤니케이션은 의미에 대한 오해나 관점의 차이에서 시작된다고 할 수 있다. 의미를 전달하는 방식, 상대를 배려하는 공감의 자세에서 똑똑한 선택이 시작될 수 있다. 무엇보다 똑똑한 선택을 할 수 있는 참된 변화는 마음의 변화에서부터 시작된다. 내가 부족하고 타인의 도움이 필요한 사람이라는 사실을 발견할 때 비로소 타인의 목소리가 들린다.

느리게 반응하는 독서의 힘

말이 굉장히 빠르고 줄줄 나오는데 자세히 들어보면 영양가가 전혀 없을 뿐만 아니라 상대방의 말을 전혀 듣지 않는 듯한 인상을 주는 사람들이 있다. 영양가는 없이 말만 빠른 사람에서는 신뢰를 느낄 수 없다. 그런 면에서 느리게 대답하고 느리게 반응하는 것은 대화를 나눌 때 굉장히 효과적인 방법이며, 특히 교사의 입장에서 학생 혹은 교육을 받는 사람을 내 편으로 만드는 데 좋은 습관이라고 할 수 있다. 느리게 대답하고 반응하는 데에는 독서만큼 효과적인 것이 없다.

나는 독서를 할 때 네 가지를 반드시 짚고 넘어가야 한다고 생각하는데, 네 가지는 다음과 같다.

1. 왜 읽는가
2. 어떤 책을 읽을 것인가
3. 어떻게 읽을 것인가

어떻게 서로를 이해하는가

4. 언제 읽을 것인가

교직에서 수십 년간 교사로 근무하던 어떤 선생님은 10대 때 많은 책을 읽으라고 이야기하셨는데, 입시라는 한 가지 목적을 향해서 달려가다 보니 책을 읽을 시간이 없어서 10대 학생의 대부분이 참된 가치와 보람을 잊고 산다고 했다.

그러면서 '10대 때 읽은 황순원의 〈소나기〉 같은 글은 머리회전이 빨라서 쉽게 각인이 되어 오래도록 내용이 기억나지만, 나이가 들어서는 10대처럼 왕성하게 정보를 받아들일 정도로 두뇌회전이 빠르지 않고 다양한 경험과 스트레스 속에서 살다 보니 분명한 의미와 깊이를 깨달을 새도 없이 그 내용을 쉽게 잊어버린다.'고 이야기했다. 오랫동안 교직생활을 해오신 분의 경험이니 아주 틀린 말도 아닌 듯싶다.

내 생각은 정반대다. 어릴 때부터 독서습관을 들여두는 것은 매우 중요하다고 생각하고, 나 역시 어릴 때부터 책을 좋아하는 습관을 들일 수 있어서 지금도 하루에 한 권 이상의 책을 읽을 정도로 다독하는 습관을 가지고 있다. 그러나 이와는 별개로 책은 10대 때 읽어야 하는 게 아니라 '변화하고 싶다고 느끼는 때'가 책을 읽어야 하는 때라고 생각한다. 두뇌회전이 빠를 때가 10대인 것은 맞지만 '참된 가치와 보람'을 이야기할 나이라고 하기에 10대는 신경 써야 할 것들이 많다. 하루 종일 공부해도 24시간이 부족한 게 10대인데 언제 '참된 가치와 보람'을 찾겠는가? '입시라는 한 가지 목적을 향해서 달려가다 보니 책을 읽을 시간이 없어서 10대 학생의 대부분이 참된 가치와 보람을 잊고 산다'고 했지만, 사실은 '입시라는 한 가지 목적을 향해서 달려가다 보니 책을 읽을 시간이 있어도 책이 이해가 안 되는 두뇌가 만들어진다.'라고 해야 더 적절한 표현이지 않나 생각해본다.

그리고 참된 가치와 보람에 대한 해답은 나이가 들면서 더 자세하게 찾을 수 있다. 참된 가치와 보람은 10대 때 깊이 있게 사색하기가 매우 어려운 주제들이다. 입시라는 한 가지 목적을 달성하고 난 뒤에 자신의 행동과 선택에 대해 책임질 수 있는 기회와 시간이 주어졌을 때, 비로소 참된 가치와 보람이 무엇인지 돌아볼 수 있는 기회가 생긴다고 나는 생각한다.

그리고 유년 시절과 학창시절의 나는 책을 좋아했지만 수준 높은 책은 좋아하지 않았다. 책을 읽는 것 자체가 돈이 드는 것도 아니고, 남들 보기에도 좋아 보이고, 책 읽는다고 뭐라 하는 사람도 없으니까 좋아했지만 그 자체로 딱히 인생에 변화를 느낀다거나 독서가 인생을 변화시킨다는 생각 자체를 별로 느끼지 못했다.

당시 읽은 황순원의 〈소나기〉는 감동스럽긴 해도 뭔가 깊이를 가늠할 수 없는 슬픔을 가진 내용이라는 것과, 1인칭이나 2인칭이냐 전지적 작가시점이냐, 혹은 수필이냐 시조냐 올바른 답을 고르라는 식의 국어문제집에서나 볼 만한 그런 짧은 소설 정도로 느껴졌을 뿐이었다.

황순원의 〈소나기〉나 김유정의 〈동백꽃〉 같은 글들은 나이 서른이 넘어 교사생활을 하면서야 비로소 깊이 있게 다가오기 시작했다. 같은 마을 남자아이에 대한 사랑의 감정, 순박하고 풋풋한 10대 여고생의 사랑의 감정을 섬세한 문체로 그린 따뜻한 이야기로 다가온 것은 나도 그러한 경험들을 어렴풋이 경험해온 뒤에서야 비로소 느낄 수 있었다. 소녀의 마음을 어쩜 그렇게 섬세하고 소박하게, 또한 진솔하게 그렸는지 그저 작가의 섬세한 필체가 놀라울 따름이었다. 사랑, 혹은 인생이 무엇인지 조금이나마 알 만한 나이가 되어서야 소설 속 주인공의 사랑이 얼마나 소박하고 아름다운지 알 수 있게 된 것이다. 내용이 아무리 좋고 깊이 있는 문체로 쓰여 있어도 내가 준비되어 있지 않으면 그저 어려운 문학작품으로 끝나버리는 것이다.

이는 어떤 책을 읽을 것인가에 대한 문제에서도 똑같이 적용된다. 어떤 책을 읽어야 도움이 되는지에 대한 해답은 이미 나와 있고 우리도 알고 있다. 세계 유명대학교에서 추천한 책을 읽으면 된다. 그게 어려우면 서울대 추천고전이나 세계명작을 읽으면 된다. 어떤 책을 읽을 것인가 수없이 고민하고 생각한 사람들은 출판사에 대부분 근무하고 있거나 유명대학교에서 공부한 사람이라고 봐도 무방하다. 혹은 사회적으로 제법 성공해 있거나 대학에서 교수직을 하고 있는 등 나름대로의 성공가도를 달리고 있다. 그 사람들이 고르고 추천한 책들이 '어떤 책을 읽을 것인가'에 대한 가장 명확한 해답을 제시해준다.

하지만 어떻게 읽을 것인가와 어떤 방식으로 독서를 시작할 것인가에 대한 부분은 명쾌하게 답을 내리기가 쉽지 않다. 사람마다 독서에 대한 특징이 다르고, 그에 따른 사고의 방식도 다르기 때문이다.

세계 초일류대학이나 국내 최상위권 명문대학에 입학하는 학생들, 혹은 사회적으로 굉장한 성공수준에 도달하는 사람들의 뇌의 구조는 일반인들의 그것과 다르다. 어릴 때부터 생각을 많이 하는 훈련을 해왔기 때문에 사고의 밀도가 높고 촘촘하기 때문이다.

설마 우리가 평소에 회사 생활하면서 하는 그런 생각의 깊이와 그들이 생각하는 생각의 깊이와 밀도가 같다고 생각하는 사람이 있을지도 모르겠다. 전혀 다르다. 일의 방식도 다르고 기준도 다르며, 생활의 규모도 다르다. 똑같이 12시간을 공부하고 사업을 해도 누구는 상상조차 할 수 없는 성공과 결과물을 제시하는 반면 누구는 그저 그런 결과물조차 내지 못하는 경우가 허다하다. 살면서 만들어진 느리게 생각하기의 습관, 사색의 습관이 잡혀있어서 가능한 일이다. 일례로 사색의 습관이 잡힌 성공한 사람들의 자서전이나 전기를 보면 깊이 생각할 수 있는 나름대로의 방법들을 통해서 깊은 사고의 세계를 만들었다는 것을 알 수 있다. 어떻게 읽을 것인가와 어떤 방식으로 독서를 시작할 것인가에 대해 궁금하다면 다양한 사람들의 책과 이야기를 통해 습득하는 게 좋은 방법이 될 수 있다.

나는 스무 살이 되던 해부터 매일 일기를 썼다. 스무 살에 쓰던 일기는 그야말로 '일기'였는데 그냥 하루를 정리하는 일기였다. 친구와 싸운 일도 적고, 부모님한테 혼난 일도 적는 식의 일기였다. 고작해야 노트 한 페이지 정도의 일기였다. 생각하는 훈련을 하지 않고 철 없는 10대를 보냈기 때문에 사고의 밀도가 높지 않았다.

그 일기의 수준이 시간이 지나면서 한 장을 빼곡하게 채우게 되더니, 20대 중반을 향해 가면서 하루에 2, 3장의 종이를 빼곡하게 채우는 일기장으로 바뀌기 시작했다. 하루를 기록하는 일기가 아니라 삶을 되돌아보는 일기장으로 바뀌게 된 셈이다.

느리게 생각하는 습관을 배우게 된 것은 그때부터 조금씩 시작되었던 것 같다. 물론 대단한 건 아니었다. 그냥 혼자서 가만히 책 읽으면서 생각하는 것이 재밌다고 느껴졌을 뿐이었고, 그렇게 생각한 것을 죽 일기장에 적다 보면 하루에 A4용지 한 페이지를 빼곡하게 채워서 3, 4장 분량이 되었다.

군대에 있을 때는 보름 정도만 되면 노트 한 권을 다 썼다. 상병에서 병장으로 올라갈 때 무렵에는 30권 가까이 노트가 만들어졌는데 이등병과 일병 때 노트 몇 권만 남기고 다 버렸다. 그마저도 시간이 지나면서 어디론가 사라져버렸는데, 그야말로 많이 적고 많이 사색했던 때였다.

지금도 일기장을 쓰지만 바쁜 일정 때문에 많이는 쓰지 않는다. 고작해야 한두 페이지 정도 끼적거리는 정도다. 하지만 매일 무언가를 기록하는 습관은 남아 있어서 틈틈이 생각을 모아서 책으로 엮는 작업들을 꾸준히 하고 있다. 그쪽 방면으로 생각의 밀도가 깊어지다 보니 다른 쪽은 몰라도 생각을 정리하는 부분에 있어서 사고의 깊이가 깊어진 셈이다.

그러다 보니 취미생활이나 일상의 패턴도 비슷하게 흘러갔다. 내 일상은 정말 단조롭기 그지없는데 아침에 일어나자마자 책부터 펴서 읽기 시작한다. 출근해서도 틈만 나면 책을 읽다가 퇴근하는 순간부터 책을 다시 읽기 시작한다. 길을 걸을 때도 책을 읽었는데 밤거리를 돌아다니면서 읽을 수 있는 작은 램프도 구매했다. 아무 생각 없이 돌아다니는 시간이 아까워서였지만 전봇대에 한 번 부딪히고 난 뒤부터 길거리에서는 읽지 않았다.

샤워를 하거나 머리를 감는 등 손에 물이 적셔지는 시간을 제외하고는 책만 읽다가 잠이 든다. 그게 좀 지루하다 싶으면 카메라를 들고 사진을 찍으러 돌아다니거나 혼자 동네를 돌아다니면서 산책하고 여기저기 뛰어다니면서 운동을 하는데, 그마저도 지루하면 책을 썼다. 그것도 지루하면 영어공부를 했다. 그것도 지루하면 잠을 잤다. 티브이도 보지 않고, 뉴스도 보지 않고, 술이나 담배는 입에도 대지 않는다. 주말 아침에 일어나도 서재에 틀어박혀서 종일 책을 보고 영어 공부하다가 저녁에 아내랑 삼겹살 구워먹고 영화 한 편 보고 강변 한 바퀴 뛰고 와서 책만 보다가 자는 게 다였다. 무슨 남들이 가지지 못한 특별하고 좋은 습관을 가지고 있다는 식의 자랑거리를 이야기하려는 게 아니라 생활패턴이 그렇게 단순하게 형성되었다는 말이다. 그렇고 보면 나는 정말 재미없게 사는 사람인데, 그런 와중에도 그런 것에 재미를 붙이다 보니 나쁘지 않은 습관인 것 같다.

어쨌거나 그렇게 생각하는 습관을 들여놓은 지금도, 나는 사회적으로 성공한 사람들이나 혹은 상위 1%에 속하는 사람들의 대화 속에서 이질감을 느낄 때가 많다. 생각의 밀도가 그들만큼 촘촘하지 않다는 이야기가 아닐까. 그만큼 더 배워야 한다는 말이고, 더 노력해야 한다는 증거일 것이다.

왜 읽는가, 어떻게 읽을 것인가에 대한 해답은 여기에서 찾을 수 있다. 끊임없이 일기를 쓰거나 책을 읽는 등의 단순한 사색을 반복하다 보니 자연스럽게 읽는 책의 수준도 높아졌고, 책의 수준이 높아짐과 동시에 삶에 대한 강한 애착과 탁월한 삶에 대한 존경, 그렇게 살고 싶다는 갈망도 함께 생기기 시작했다. 왜 읽어야 하는지에 대한 이유가 분명해지자 한 달에 40권이 넘는 독서를 하기 시작했고 독서의 양과 질이 깊고 넓어질수록 사고의 수준도 깊어졌다.

물론 읽는 방법은 모두 달랐다. 어떤 책은 한 시간 정도면 다 훑고 줄거리도 줄줄 이야기할 수 있을 정도로 쉬운 반면에 어떤 책은 하루 종일 읽어도 50페이지는커녕 5장 진도를 나가기도 어려운 책도 있었다. 이에 대한 자세한 내용은 다음 장에 다시 다루게 될 것이다. 나중에는 책마다 읽는 방법이 달라야 하며, 책을 대할 때 느리게 읽어야 함이 필요하다는 것도 알게 되었다.

질적으로 수준이 높은 다양한 양서들을 접하면서 느리게 반응하고 느리게 말하는 습관이 만들어지기 시작했다.

20대에 나는 다른 사람들이 알아듣지 못할 정도로 빠르게 말을 하곤 했다. 말만 빠르면 '말을 빨리 하는구나.' 생각하고 말텐데 말하고자 하는 내용에 이렇다 할 깊이조차 없었으니 지금 생각하면 부끄러울 따름이다. 알고 지내던 동생은 "형님 아까 랩하시는 줄 알았는데 그런 깊은 의미가 있었는지 전혀 몰랐네요."라고 우스갯소리로 말한 적도 있었다. 감정에 치중하다 보니 빨리 말하게 되고 생각을 거치지 못한 채 말이 튀어나오는 것이었다.

초연결시대가 시작되면서 어마어마한 정보가 쏟아지는 이 와중에, 진중한 독서습관을 기르며 수준 높은 대화를 나눌 수 있는 마인드를 갖추는 것은 어느 때보다 중요해졌다. 아무리 많은 구독자를 거느린 유투버나 파워블로거, 혹은 그에 버금가는 유명인이라고 해도 수준 높은 대화나 정보를 나눌 수 있는 사람이 아니면 그 영향력이 오래 지속되지는 못한다. 겉으로는 화려해보이지만 마음의 수준이나 인성의 정도를 보고 '별 볼일 없구만' 하고 등을 돌리게 되기 때문이다. 독서는 기본적으로 나를 변화시키는 것이다. 꾸준한 독서습관이 형성된다면 지금보다 더 나은 나를 만들 수 있다.

본질을 꿰뚫는 독서의 정석

　중학교 시절 매일 같이 다니던 한 친구가 있었다. 그 친구는 전교에서 5등 밖을 벗어난 적이 없는 모범생이었는데, 그 친구의 형님은 안동고등학교를 수석으로 졸업하고 서울대 법학과에 입학한 분이었다. 수능 400점 세대였던 그때 전국 석차가 5등이었다고 말한 기억이 나는데, 어린 마음에 너무 충격이었는지 아직까지 기억에 남는다. 친구의 아버지는 안동시장에 여러 번 출마하셨을 정도로 지역을 위해 수고하시는 분이셨는데, 집안의 모든 분들이 개인병원과 약국을 운영하실 정도였다. 휴대폰을 가진 중학생이 별로 없던 시절이라서 한 번씩 친구네 집에 전화를 하면 어머님께서 전화를 받으셨는데, 어머님의 목소리와 사용하시는 어휘만으로도 '흔히 볼 수 있는 분은 아니시겠구나.' 하는 생각을 했었다.

　또 다른 친구는 초등학교 동창이었는데, 그 친구의 아버지는 내가 고등학교 1학년 때 담임선생님이셨다. 늘 범생 이미지를 가지고 있던 그 친구에 얽힌 일화는 지금 돌이켜봐도 대단했다. 초등학교 5학년 때쯤으로 기억하는데, 학교 시험을 위해서 5일 동안 밤을 새다시피 공부했다는 이야기를 들었다. 자신의 생각이 사실인 것처럼 이야기하는 초등학생들이 지어낸 말이었는지 모르겠지만, 그런 말조차 전혀 의심스럽게 느껴지지 않을 정도로 굉장히 열심히 공부하는 친구였다. 중학교 3학년 때 응시한 토익시험에서 만점에 가까운 점수를 받을 정도로 뛰어난 영어실력을 자랑했으며, 학창시절에 단 한번도 1등을 놓치지 않고 서울대 법학과에 입학했다.

서울대학교보다 좋은 학교는 세상에 많고 그런 유명한 명문대학교를 졸업한 사람들도 많다. 그럼에도 그런 사람들이 쓴 수많은 책들을 보면서 소름 돋는 감흥을 느낀 적은 별로 없었다. 일단 먼 나라의 좋은 대학을 졸업한 사람들이 쓴 책은 현실성이 떨어졌다. 하버드 대학교를 우수한 성적으로 졸업한 유명한 사람이 쓴 책이라고 해도 나와는 전혀 다른 환경 속에서 살아온 외국인이라는 인식 때문에 이질감이 드는 게 먼저였다. 그리고 그 사람들이 사용하는 문체나 살아온 문화도 한국과는 달라서 이해관계 소통의 부실로 큰 감동을 느끼지 못했을 뿐만 아니라, 기본적으로 책의 내용 자체가 부실한 경우가 태반이었기 때문이다. '음 그렇지, 좋은 내용이네.' 하고 생각한 적은 있어도 대단한 감동을 받았다든지 귀에 착착 감길 정도로 잘 쓰여서 어떻게 이런 글을 쓸 수 있을까 하고 생각한 적도 극히 드물었다.

그리고 사회에 나와서 다양한 경험을 하다 보면 전문직에 종사하거나 빠르게 성장하는 사업체를 운영하지 않는 이상 학벌이 가져다

주는 이점이 그리 많지 않다는 것을 자연스럽게 발견하게 된다. 그렇게 대단한 사람들이 혼신의 힘을 다해 쓴 책들이라고 해서 실생활에 크게 도움이 되는 내용들이 담긴 경우는 별로 없다는 말이다. 아무리 세계적인 사람이 쓴 책이라고 해도 10권 뒤적거려보면 1권 정도 읽을 만한 책이 있는 경우가 대부분이었다. 그러나 대부분의 사람들보다 탁월한 인생을 살아온 사람들에 대한 존경심까지 사라지는 것은 아니다. 얼마 전에 《혼자 하는 공부의 정석》이라는 책을 읽었다. 책이 작고 예뻐서 '요즘 서점에 널린 흔해빠진 자기계발서겠구나.' 생각했다. 또 누가 아까운 나무를 낭비했을까 생각하며 책 표지를 펼쳤을 때, 자기소개 첫 줄에 이렇게 되어 있었다.

서울대 법학부를 졸업했다.

학창시절의 경험에 비추어 봤을 때 내 머릿속에 서울대 법학과는 '범생이처럼 공부만 잘하는 사람들이 가는 곳'은 아니었다. 다른 국가에 비해 월등히 공부시간이 많은 대한민국이라는 나라에서 적어도 '공부'에 있어서만큼은 매우 탁월한 교육을 받아온 사람들, 강인한 정신력을 바탕으로 한계 이상의 결과물을 창조해내는 사람들이 머무는 곳이라는 인식이 있었다. 게다가 서울대라면 같은 한국에서 태어난 사람이니까 외국인보다 동질감을 느끼는 건 당연하지 않은가. 나와 같은 언어를 사용하고 같은 환경 속에서 공부한 사람인데 엄청나게 똑똑한, 주변에서 흔히 볼 수 없는 엄청 공부를 잘했던 사람이 쓴 책이라는 점에서 묘하게 끌렸다.

뿐만 아니라 한국에서 가장 공부를 잘한다는 사람들과 함께 젊은 시간을 공유한 사람이 쓴 '공부에 대한 관점을 다룬 책'은 어떨지 자못 궁금했다. 제목도 공부의 정석이었으니 읽어볼 만도 하겠다 싶었다. '이런 곳에서 공부한 사람이 이야기하는 공부의 정석은 과연 어떤 내용일까' 싶어 책을 펴서 읽기 시작했다.

그 책을 펴들고 나서, 잠시도 눈을 떼지 못하고 그날 다 읽었다. '이 정도 학벌을 가진 사람이 쓴 책이니까 읽을 만하겠다.' 하는 기대로 읽은 게 아니었다. 앞에서 이야기했다시피 서울대보다 좋은 대학 나온 사람들이 쓴 책은 서점에 널렸다. 그저 제목이랑 '서울대 법학부를 졸업했다.'만 보고 '한번 읽어볼까' 했을 뿐이었다.

그런데 굉장히 쉽고 재미있게 쓰여 있었다. 한 가지에 깊이 있게 집중해본 경험이 있는 사람들의 말과 표현에서 흔히 느낄 수 있는 단순한 세계라고 하면 이해하기 쉬울까. 충분히 어렵고 난해할 수도 있을 법한 표현을 굉장히 쉬운 필체로 간략한 삽화까지 곁들여서 쓴 책이었는데 매우 자세하고 쉽게 쓰여 있어서 실제로 굉장히 도움이 많이 되었다. 아주 이해하기 쉬운 말과 문장으로 쓰여 있어서 읽는 내내 이해하기가 굉장히 쉬웠고 공부하는 데 아주 큰 도움이 되었다. 그래서 배움의 즐거움에 대해 이해하지 못하거나 마음을 열지 못하는 학생들에게 내가 경험한 점과 느낀 점들에 대해 설명할 때, 덧붙여서 이야기해주는 데 큰 도움이 되었다.

아침에 일어나서 잠자리에 들 때까지 만나는 수많은 지식과 넘쳐나는 정보들은 삶에 별다른 영향력을 가져다주지는 못한다. 교육에서도 마찬가지다. 흔히 이야기하는 주입식 교육, 가르치는 방식의 교육보다는 내가 느끼고 경험한 이야기들을 솔직한 마음을 담아 전해줄 때 더 쉽게 마음으로 전달되는 것을 느낄 수 있다.

서울대 법학과라는 타이틀이 없더라도, 세상에 길이 남을 역사를 창조한 인물들은 다양한 방법을 통해 쉽게 접할 수 있고 찾아볼 수 있다. 그처럼 세상에 큰 획을 그은 인물들, 자유로우면서도 진취적인 사고방식을 가진 역사적 인물들의 깊은 관점과 정신적 성숙, 그로 인한 성과에 대한 위대함을 이야기할 때 의견이 일치되지 않는 사람들의 비판과 그로 인한 심적 고통, 갖은 문제들에 대해 자신을 어떻게 보호해야 할지 그들로서는 생각해보지 않을 수 없다. 여러 부분에서 탁월한 삶을 살아왔으며 이상적이라고 불리는 인물들은, 비단 교과서뿐만 아니라 여러 방면으로의 구전과 어록을 통해서 스스로의 실력을 인정받은 인물들이므로 그들의 삶 속에서 묻어나는 긍정적이고 탁월한 마인드와 배울 점들을 연구하려는 시도가 아닐 바에야 무지하고 섣부른 판단을 통해 그들의 삶을 재조명하는 것이 다소 부담스럽게 다가올 수도 있다.

그럼에도 불구하고 한 가지 확실한 것은, 그들의 삶이 오랜 시간 집중된 훈련으로 인해 형성된 몰입의 자세로 인해 다양한 부분에서 업적을 만들어낼 수 있었고, 심지어 그것을 즐겼다는 것을 알게 되었다는 점이다. 그런 부분을 깊이 있게 파고들어서 내 것으로 체화시킨다면 스스로에게 굉장한 도움이 될 것이라는 데는 이견이 없을 것이다.

세계적인 심리학의 대가인 칙센트미하이 시카고대학 심리학과 교수는 그의 저서 《몰입》에서 세계적으로 뛰어난 창의적 업적을 이룬 사람들은 모두 몰입의 대가들이었고 몰입의 즐거움을 경험했다고 이야기한 바 있다. 위에서 언급한 《공부의 정석》을 읽으면서 내가 느꼈던 것처럼, 어떤 상황이나 문제에 대해서 매우 심도 깊게 집중해본 경험이 있는 사람들의 말과 이야기에서는 체계적이고 논리적이며 상대방이 이해하기 쉽도록 설명할 수 있는 탁월한 어휘선택의 능력, 그 이상의 무엇이 그들에게 있는 것을 발견할 수 있었다.

이문열 작가의 《우리들의 일그러진 영웅》 마지막 부분에 보면 극 중 주인공 한병태가 석대를 차츰 기억에서 잊어버리고 30대 중반의 어른으로 성장하는 부분에 대해 아주 재밌고 쉽게 이야기하고 있다.

하지만 내가 석대를 잊게 된 것은 반드시 내 삶이 숨 가쁘고 힘겨 웠기 때문만은 아니었다. 그보다는 그 동안의 내 환경에 그 시절을 상기시킬 요소가 거의 없었다. 일류와 일류, 모범생과 모범생의 집 단을 거쳐 자라가는 동안 나는 두 번 다시 그 같은 억눌림 또는 가 치박탈의 체험을 안 해도 좋았기 때문이었다. 재능과 노력, 특히 정신적인 능력과 학문에 대한 천착의 깊이로 모든 서열이 정해지 고 자율과 합리에 지배되는 곳들만을 지나와, 그때까지도 석대는 여전히 부정의 이미지에 묻혀 있을 수밖에 없었다.

(… 중략 …)

그리하여 결국 이 나라의 세일즈맨은 그 자체가 한 고객에 지나지 않거나, 기껏해야 내구연한이 2년을 넘지 않는 대기업의 일회용 소모품에 지나지 않음을 깨달았을 때는 벌써 30대도 중반으로 접어 든 협수룩한 가장이 되어 있었다

– 이문열, 《우리들의 일그러진 영웅》, p. 194, 민음사.

중학교 때 국어시간에 읽었음직한 이 소설을 30대 중반이 되어서 다시 읽으면서 나는 몇 번이고 반복해서 읽었다. 특히 '재능과 노력, 특히 정신적인 능력과 학문에 대한 천착의 깊이로 모든 서열이 정해 지고 자율과 합리에 지배되는 곳들만을 지나와'라는 문장과 '기껏해 야 내구연한이 2년을 넘지 않는 대기업의 일회용 소모품에 지나지 않 음을 깨달았을 때는 벌써 30대도 중반으로 접어든 협수룩한 가장이 되어 있었다.'라는 문장은 수십 번도 더 읽고 생각했다.

잠시라도 책을 읽고 있지 않거나 손에 책이 없으면 불안한 마음이 드는 지금과는 전혀 다른 10대 무렵의 내가 지금의 30대 중반의 가장 이 되기까지의 여정을 얇은 종이 한 장으로 설명하기는 어렵다. 학창 시절의 나에게 대단한 인생의 여정이 있었던 것도 아니고 따지고 보 면 별 볼일 없는 인생을 살았다고 해도 과언이 아니다. 그런 인생일 지라도 털어놓고 이야기해보라고 하면 몇 날 며칠이고 눈물콧물 쥐 어짜내며 이야기할 수 있을 텐데, 고작 책 한 장 분량에 인생의 중요

한 고비를 이토록 쉽게 담아낼 수 있다는 것이 너무 놀라웠다. 이문열과 같은 한국을 대표하는 작가에게서뿐만 아니라 어느 분야에서든 한 분야에 몰입한 사람에게서는 매우 쉽고 단순하게, 하지만 본질을 꿰뚫는 힘이 있었다. 비단 화려한 문장력만을 두고 이야기하는 것이 아니라, 사람의 마음을 힘 있게 반응할 수 있도록 만드는 기술이 있었다. 본질을 캐치하는 능력이 뛰어나다는 말이다.

'정신적인 능력과 학문에 대한 천착의 깊이'라는 표현은 정말 마음에 들어서 두고두고 외울 정도였다. 어떤 원인이나 내용 따위를 따지고 파고들어 알려고 하거나 연구한다는 의미를 가진 '천착'이라는 단어를 사용해서 인간의 성숙되어가는 과정을 함축시켜 표현할 수 있다는 것이 정말 놀라웠다. 학업 이외에도 친구관계, 사춘기, 이성 간의 교제 등등 인간이 성장해가는 인고의 시간을 이토록 쉽게 설명할 수 있다는 점에서 놀라울 뿐만 아니라 작가라는 직업에 대한 존경심마저 들었다.

다독, 다작, 다상량.
많이 읽고, 많이 쓰고, 헤아리고 또 헤아린다.

송나라 구양수가 이야기한 글을 잘 쓰기 위한 3가지 방법이다. 그의 말처럼 '베스트셀러' 같은 성공의 타이틀을 거머쥔 대부분의 작가들은 많이 읽고, 많이 쓰고, 많이 생각해야 하는 과정을 거치면서 엄청난 스트레스와 고뇌를 겪었을지도 모르겠다. 그러나 그로 인한 결과물들은 나 같은 독자들에게 아주 쉽고 재미있게, 하지만 진지하게 인생의 본질에 대해 생각해볼 수 있는 시간을 만들어주었기 때문에 가치 있는 과정이 아니었는가 생각해본다.

본질을 꿰뚫는 작가의 글에는 힘이 있다. 한 장의 종이 속에 한 사람의 인생을 담는 능력이 있다. 나는 책을 가리지 않고 읽는 편인데 어떤 책은 번지르르한 표지와는 달리 내용이 너무 빈약해서 대충 훑어보고 넘기는 경우가 있는 반면, 어떤 책은 굉장히 읽기 쉽고 재밌게 쓰인 데다 내용면에서도 깊이가 있어서 두고두고 읽고 싶어지는 책이 있었다. 아내는 요즘 들어 늘 수호지를 들고 읽는 나에게 "무협소설같은 건 안 보는 줄 알았는데 그런 책도 보네."라고 말했고, 나는 "500년 전에 쓰인 무협소설이면 믿고 볼 만하지."라고 말했다. 그런 책들은 그만큼 재미가 있고 깊이가 있었다.

앞에서 이야기했다시피 어릴 적부터 책은 좋아하는 편이었다. 하지만 어느 정도의 수준이 되기까지는 책읽기가 대단찮게 느껴지지 않았다. 자기계발서처럼 뭔가 읽을 때 감동스러운 기분을 느끼게 하는 책이나, 누구나 알 만한 유명한 작가의 책을 읽는 게 다였다. 수준이 거기까지였다.

깊이 있게 파고들기 시작한 때는 20대 중후반부터였다. 대학 졸업을 얼마 앞두지 않은 시점에 다다랐을 때, 그저 그런 인생을 살지 않으려면 변화해야 한다는 생각이 문득 들었고 그때부터 항상 책을 들고 다니며 읽기 시작했다. 책을 많이 읽는다고 해서 대단찮은 학벌이 좋아진다거나, 합격은커녕 지원자격도 없던 대기업에 떡하니 합격하는 건 아니었다. 지금보다 더 나은 내가 되고 싶었을 뿐이었다. 17살이던 1960년에 '왜 어떤 사람은 다른 사람보다 더 성공하는 것일까?'라고 생각한 브라이언 트레이시보다 50년이 지난 시점이지만 그마저도 하지 않으면 안 될 것 같았기 때문이었다.

그때부터 책의 수준을 조금씩 높이기 시작했다. 다독이 목적이었기 때문에 종류를 가리지 않고 읽었는데, 시간이 지나면서 나름대로의 기준도 생겼다.

1. 하루에 한 권은 읽는다.
2. 월급의 10%는 꼭 책을 산다.
3. 묵독할 책과 속독할 책을 구분해서 읽는다.
4. 출간된 지 30년 미만의 책은 되도록 읽지 않는다.

모든 책이 재미있지는 않았다. 깨닫기는커녕 무슨 말인지 이해할 수 없는 책도 많았다. 어떤 점이 좋아서 노벨문학상을 받았는지, 왜 수천 년 동안 문학계의 최고봉으로 불린 책인지 알 수 없는 책들도 수두룩했다. 어떤 책은 중간쯤 읽다가 도저히 진도가 안 나가서 포기하기도 했는데 제임스 조이스의 《율리시스》 같은 책은 그저 페이지가 나가는 것에만 집중해야 할 정도였다. 하지만 그런 과정(도저히 진도가 안 나가서 포기하게 만드는 책을 보며 내 수준이 이것밖에 안 되는 것을 직접 확인하는 과정)을 거치고 나면 책을 읽는 속도가 월등히 빨라져 있었다. 어려운 책은 어려운 대로, 쉬운 책은 그 나름대로 도움이 되었던 셈이다.

인생 최고의 책은 《레미제라블》이었다. 빅토르 위고에 의해 19년에 걸쳐 쓰인 위대한 이 책은 19년을 감옥에서 지내며 피폐하게 변해버린 한 인간의 영혼이 극적인 경험에 의해 변화하고 성장하는 내용을 담고 있다. 프랑스 문학뿐만 아니라 세계 문학에서도 최고의 작품 중 하나로 인정받는 《레미제라블》은 인간의 양심과 마음에 대한 수준 높은 성찰, 인간의 극악함과 더불어 죽음에 대한 초연함을 보여주는 내면의 변화, 화려하면서 치열했던 프랑스 역사의 단면을 보여준다. 5권으로 나누어진 《레미제라블》을 읽는 데는 꽤 오랜 시간이 걸렸다. 읽는 게 목적이 아니라 깊은 이해가 필요했기 때문이다. 전쟁을 앞둔 바리케이드 앞에서 죽음의 전주를 앞둔 콩브페르의 동료들을 위한 설득은 그 자체가 거대한 시였는데 읽을 때마다 전율이 일어났다.

… 방금 전에 앙졸라가 내게 말했는데, 시뉴 거리의 한 모퉁이 6층에 촛불을 밝힌 작은 창문이 보였다고 합니다. 유리창에, 날이 밝을 때까지 자지 않고 누군가를 기다리는 듯한 노파의 머리 그림자가 흔들리는 것을 봤다는 겁니다. 여러분 중 누군가의 어머니일 수도 있습니다. 자, 떠나 주시오. 그런 사람은 어서 어머니에게 달려가서 말하시오. '어머니, 접니다!'라고. 어떤 것도 걱정할 것 없습니다. 여기의 일은 조금도 걱정할 필요가 없소. 자기의 노동으로 가족을 돌보는 자는 맘대로 목숨을 버릴 권리가 없소. 그것은 가족을 버리는 것이요. 또 딸이 있는 자도, 여동생이 있는 자도 그렇

소. 여러분은 죽을 겁니다, 여러분은 죽어요. 그건 좋습니다. 하지
만 내일은 어떻게 되겠습니까? …

– 빅토르 위고, 《레미제라블》, 5권 p. 27, 더클래식 출판사.

집중력과 어휘력이 부족해서 시험지마다 소나기 세례를 받는 초등
학교 3학년 여학생에게 공부하기 전 《수호지》와 《오디세이아》를 한
페이지씩 읽게 하고 문제풀이를 시켰는데, 이후 소나기 세례는 멈췄
고 페이지마다 가득하게 동그라미가 채워졌다. 며칠 전 이야기를 나
누던 그 여학생이 내게 이야기했다.

"선생님, 엄마한테 《오이디푸스 왕》 책 사달라고 했어요. 그거 읽
을려구요."

독서의 위대함은 비단 독서를 즐기는 사람에서 느껴지는 지적인
여유로움과 낭만으로 그치지 않는다. 독서는 인간을 변화시킨다는
점에서 그 자체만으로 위대하다. 차근차근 읽어나가는 독서로 인해
조금씩 변화해가는 마음의 깊이. 이처럼 변화해가며 더불어 삶의 질
이 풍부해지는 것은 굉장히 놀라운 일이지 않은가.

다상량의 본질

세계문학전집이나 서울대 추천도서들 중에는 일반인들조차도 잘 모르는 어려운 책들이 많다. 추천도서라고 해도 막상 읽어보면 괜찮은 책이긴 한데 너무 수준이 높거나 마음에 그다지 와 닿지 않는 책들도 있다. 내 수준에 맞지 않는 책이라는 말일 것이다. 비단 고전이나 어려운 책이 아닐지라도 가까운 곳에서 충분히 감동과 전율을 주는, 독서를 습관화시키기에 도움이 되는 책들이 있다.

중학생 과정 문제집에 나오는 수필 중에서도 충분히 읽을 만한 내용들이 나오는데, 독서할 마음과 배울 마음만 있으면 생각할 수 있는 과정이 교과서와 문제집에도 많이 나온다. 이문열과 같은 한국을 대표하는 작가의 소설뿐만 아니라 동시대를 살아가는 작가의 수필이나 소설 중에도 그런 깊은 감동을 주는 글들이 있었다.

예를 들어보자. 아래 지문은 시중에서 유통되는 중학교 1학년 과정의 학습지에 나오는 내용이다. 박완서 작가의 〈꼴찌에게 보내는 갈채〉라는 단편 수필의 일부분인데 인간의 강한 의지에 대한 뜨거운 감동을 느끼는 한 사람의 이야기가 굉장히 세밀한 필체로 기록되어 있다.

저 사람이 세운 기록도 누가 자세히 기록이나 해 줄까? 대강 이런 생각을 했다. 그리고 그 20등, 아니면 30등의 선수가 조금쯤 우습고, 조금쯤 불쌍하다고 생각했다. 푸른 마라토너는 점점 더 나와 가까워졌다. 드디어 나는 그의 표정을 볼 수 있었다.

나는 그런 표정을 생전 처음 보는 것처럼 느꼈다. 여태껏 그렇게 정직하게 고통스러운 얼굴을, 그렇게 정직하게 고독한 얼굴을 본 적이 없다. 가슴이 뭉클하더니 심하게 두근거렸다. 그는 20등, 30등을 초월해서 위대해 보였다. 지금 모든 환호와 영광은 우승자에게 있고 그는 환호 없이 달릴 수 있기에 위대해 보였다

— 박완서, 〈꼴찌에게 보내는 갈채〉, p. 152, 세계사.

부끄러운 이야기지만, 〈꼴찌에게 보내는 갈채〉라는 산문집을 중학교 과정 문제집에서 처음 봤다. 이토록 짧고 간결하게, 하지만 인간의 고독과 집념을 이렇게 압축적으로 표현한 작품이 있었나 싶을 정도로 놀랐다. 10페이지가 채 안 되는 짧은 산문집 속에는 인간의 모든 희로애락이 다 들어있었다. 그런데 중학교 1학년 과정의 국어문제집에서 나는 이 산문집을 읽었다.

사실 중학교에서 배우는 국어책 정도만 되어도 일반인이 깊이 생

각하고 토론할 만한 글들이 많이 있다. 문학적인 소양을 쌓기 위한 독서가 아니라 문제풀이용으로 나와서 그렇지 사실 굉장히 깊이 있는 내용을 다루는 것은 중학교 과정부터라고도 할 수 있겠다. 그 속에서 발견할 수 있을 만한 모든 이야기들을 캐내는 데 사색과 질문에 대한 몰입만큼 효과적인 것은 없는 듯하다.

몰입전문가 황농문 교수의 책 《공부하는 힘》에서는 황농문 교수의 공부에 대한 관점이 나온다.

> 나에게 몰입능력이 형성된 것은 틀림없이 어린 시절의 학습방식 때문일 것이다. 나는 중학교 2학년 때부터 미지의 수학 문제가 나오면 끝까지 포기하지 않고 생각해서 스스로 답을 구하는 방식으로 공부했다. 어려운 문제를 만나면 며칠 동안 생각하는 것은 보통이고, 심지어 몇 달간 포기하지 않은 경우도 종종 있었다. 그러면서 도저히 안 풀릴 것 같은 문제도 포기하지 않고 생각하면 결국은 풀린다는 것을 반복해서 경험했다. 이렇게 공부하면 문제 푸는 것이 게임을 하는 것처럼 재미가 있다. 그래서 10분 이상 생각해도 답이 나오지 않는 문제를 만나면 '심심하던 차에 도전할 문제를 찾았다!'라며 반갑게 느껴지기까지 했다
>
> – 황농문, 《공부하는 힘》, p. 110, 위즈덤하우스.

흔히 접할 수 있는 동화책, 혹은 짧은 수필과 중고등학생 과정의 문학작품들을 통해서도 깊은 생각을 할 수 있는 기회가 많다.

학생들과 일반인을 대상으로 하는 인성교육기관에서 근무하는 지인에게서 흥미로운 이야기를 들은 적이 있다. 양치기 소년이 늑대가 나타났다고 소리친 이유는 외로웠기 때문이라는 것이었다. 처음 그 이야기를 듣고 굉장히 놀랐다. '외로워서 늑대가 나타났다고 소리를 쳤구나. 사람들과 대화하고 싶어서 소리를 질렀구나.' 그 뒤로 다양한 방면에서 생각하는 방법을 배우게 되었다.

토끼와 거북이 이야기는 누구나 알고 있는 유명한 이야기다. 토끼와 거북이가 시합을 했다. 먼저 앞서나가던 토끼는 중간에 낮잠을 잤고, 그 사이에 쉬지 않고 결승점을 향해서 걸어간 거북이는 결국 결승점에 도달해서 승리했다. 여기에서 나는 몇 개의 질문을 만들 수 있는가에 대해 다양한 방면으로 고민했고, 총 37가지의 질문을 만들었다. 더 만들 수도 있었겠지만 의미 없는 반복이 대부분이었고, 적절하게 생각해낼 수 있는 질문의 개수는 그 정도였다. 그중 일부는 다음과 같다.

- 나는 토끼와 거북이 중 어디에 속하는가?
- 토끼는 왜 시합을 하자고 했는가?
- 토끼와 거북이가 오르려고 했던 산은 무엇을 의미하는가?
- 토끼는 왜 낮잠을 잤는가? 그리고 거북이는 왜 낮잠을 자지 않았는가?

거북이처럼 최선을 다하자는 식의 단순한 해답이 아닌 다양한 관점에서 사색할 수 있는 기회는 어려운 책이 아니더라도 미지의 문제에 집중해서 사색하고 탐구하는 사이에 생긴다는 걸 알 수 있었다.

그럼 어떻게 그런 사색의 힘이 생길 수 있을까? 뇌과학적인 측면에서 뉴런이 어떻고 스냅스와 미엘린이 어떻고 하는 건 좀 어렵고 단순하게 생각해보기로 했다. 《공부하는 힘》에서 황농문 교수는 서울대 대학원에 재학 당시 지도교수였던 윤덕용 카이스트 명예교수와의 인연에 대해서 이야기했는데 그 부분을 잠시 읽어보자.

내가 생각해도 내 능력의 한계를 넘어서는 요구사항이라 정신적인 고통이 이루 말할 수 없었다. '내가 전생에 도대체 무슨 죄를 지었길래 이런 까다로운 지도 교수를 만났나!'라며 내 인생을 한탄했다. 논문 한 편을 완성하는 데 몇 년이 걸렸고, 그 과정에서 무려 여덟 번 이상 퇴짜를 맞았다.

(… 중략 …)

내 논문을 읽고 난 그룹 리더가 내 사무실에 직접 찾아와서 이 논문을 누가 썼냐고 물었다. 내가 썼다고 하자 그는 놀라는 표정을 지었다. 자신이 몇 가지 사소한 부분을 수정했지만, 영어가 모국어가 아닌 사람이 이렇게 잘 쓸 수 있다는 사실이 도무지 믿기지 않는다는 것이었다. 자기들보다도 더 잘 썼는데 어떻게 이것이 가능하냐는 것이었다. 그 이야기를 듣고, 나 역시 믿기지 않았다. '논문 쓰는 실력이 언제 이렇게 늘었지?'라는 생각이 들었다. 그 순간 눈앞에 지도 교수님의 얼굴이 스쳐갔다. 나를 지도하시던 모습들이

짤막짤막하게 파노라마처럼 펼쳐지면서

- 앞의 책, p. 175.

내가 대학에 다니던 시절에도 이런 교수님이 있었다. 중학교에 다닐 때 '수학과 과학에 있어 천재적인 두뇌를 가진 중학생 소년'이라고 신문에 나왔을 정도로 수리통계학에 있어서 독보적인 존재였다던 교수님은 2시간의 강의 중에 20분 정도밖에 수업을 하지 않았다. 파워포인트로 사진 몇 장 보여주고 이해할 수 없는 단어들을 사용해서 뭐라뭐라 잠깐 설명하신 뒤에, 생전 처음 보는 생뚱맞은 문제를 하나 보여주시고는 "계산식을 써내라." 하고 나가버리셨다. 매번 수업시간이 그런 식이었다. 무슨 말인지 하나도 이해가 안되었다. 어떤 때는 애국가를 4절까지 쓰고 "교수님 사랑합니다." 하고 쓴 뒤에 제출한 적도 있었다.

성적에 맞춰서 들어간 나는 통계학에 관심이 없었고 후배들 답지를 베껴서 대충 제출하고는 마침 취미를 붙이게 된 카메라를 한 대 사서 사진이나 찍으러 돌아다녔다. 그나마 다행인 게 교수님은 사진에 깊은 취미를 가진 분이었고 오랫동안 사진을 배우신 분이었다. 학과대표임에도 불구하고 전공수업은 안 들어가고 놀러만 다니던 어느 날, 카메라를 달랑달랑 목에 매고 돌아다니는 나를 보고 교수님이 부르셨다. 그리고 카메라 기종과 렌즈에 대해서 이것저것 물어보시고 내가 찍은 사진들을 한참 쳐다보시더니 "많이 찍어라. 그럼 는다." 그러고는 가셨다. 밑도 끝도 없이 "많이 찍어라. 그럼 는다."라고 하셔서 좀 당황했지만, 어쨌거나 학생의 리포트라고 할 수 없었던 리포트에 대해서는 일언반구 이야기하지 않으셔서 감사하긴 했다. 본인도 느껴지는 게 있으셨는지 모르겠지만, 나름대로 인정해주신 것 같았다. 선생님의 말씀처럼 많이 찍고 돌아다니면서 그 뒤로 수많은 사진전에 나가서 입상도 하고 대상도 탔다. 이에 대한 자세한 내용은 추후 저술하게 될 두 번째 책에서 자세하게 다룰 예정이다.

어쨌거나 황농문 교수님의 일화를 보고 고개가 끄덕거려지는 반면, 윤덕용 교수님은 어떻게 그런 탁월한 삶을 살 수 있었는지 매우 궁금해졌다.

인터넷에 검색해보니 경기고등학교를 졸업한 해에 MIT에 입학했고, 졸업 후 바로 하버드 대학 대학원에 입학했다. 거기에서 석사와 박사과정을 마친 뒤 제너럴 일렉트릭사에서 연구원으로 재직하다가 한국에 귀국한 이력이 있었다. 카이스트 총장, 명예교수, 자문위원장이라는 탁월한 삶을 살아오면서 한국 과학계에 큰일을 해오신 분이었지만, 이렇다 할 자서전 하나 없어서 별다른 정보를 얻지는 못했다. 그래서 인터넷을 다 뒤져서 윤덕용 교수님의 인터뷰 자료들을 모두 출력한 뒤 자료를 만들었다.

첫 번째 기사는 한국에서 노벨상이 나오지 않는 이유에 대한 본인의 생각을 이야기하신 부분이다.

윤 교수는 "노벨 과학상을 받은 사람들을 보면 '어쩌다, 우연히, 끊임없이'라는 공통된 키워드가 존재한다"면서 "즉, 자신이 좋아하

는 연구에 몰두하고 즐기는 과정을 통해 노벨상의 명예를 얻는 것일 뿐"이라고 설명했다

-《파이낸셜뉴스》, 2015. 04. 28.

두 번째 기사는 조선 오피니언에서 발췌한 기사문이다. 천안함 침몰 당시 합동조사단 공동단장으로 활동하시면서 조사결과 발표 이후 음모론이 사라지지 않는 이유를 묻는 질문에 대한 답변이었다.

"인문학이 중요하다고들 하는데, 인문·사회 분야에 계신 분들도 자연과학을 어느 정도는 알아야 판단을 할 수 있다. 초등학교 때부터 자연과학을 가르쳐 논리적으로 생각하는 교육을 해야 한다. 광우병, 핵전쟁 등이 다 과학적인 이슈들이다. 지식이 많은 게 중요한 게 아니라 자기가 모른다는 걸 알아야 한다. 필요하면 공부해서 알면 된다. 그러나 모르는 걸 안다고 착각하면 희망이 없다. 어떤 의미에선 과학이 아니라 소양의 문제다. 자기 자신의 생각을 비판적으로 볼 줄 아는 자기성찰이 필요하고 진실을 찾는 데는 겸허한 자세가 중요하다."

-《조선일보》, 2010. 05. 31.

사실 개인적으로 친분이 있는 분들도 아니고 나처럼 부족한 사람이 함부로 이런 분들의 이름을 거론해도 되는지 책을 쓰는 내내 걱정스러웠다. 하지만 대부분의 사람들과 달리 매우 탁월한 삶을 살아오

신 분들의 삶을 통해 어떻게 그런 삶을 살아오실 수 있었는지에 대한 나름대로의 분석과 그에 대한 결과물이 많은 사람들에게 도움이 될 수 있다면 좋겠다는 마음이 있었다. 그런 마음으로 여러 곳에서 기사 문을 읽고 책을 뒤적거리면서 찾아보았다.

황농문 교수님의 저서와 그분의 지도교수였던 윤덕용 교수님의 신문사 인터뷰 기사를 통해서 공통점을 발견할 수 있었다. 그런 탁월한 삶을 살 수 있었던 배경에는 여러 가지 요인들이 있었겠지만 기본적으로 논리적으로 생각할 수 있는 과정이 그분들의 인생 속에 녹아 있었다는 점, 본인의 부족한 부분을 정확히 이해하고 있다는 점이었다.

그런 깨달음이 기본 바탕으로 깔려 있었기 때문에 스스로 생각하는 훈련의 중요성을 알았고, 그래서 스스로 생각하는 훈련이 되었고, 심지어 삶 속에서 그런 과정들을 즐기기까지 했다는 것이다. 윤덕용 교수님에 대한 일화는 황농문 교수님의 저서에서 일부 다루어지고 있으니 참고하면 좋을 듯싶다.

스스로 생각할 수 있는 능력. 그런 능력을 키우는 데는 독서만큼 중요한 것도 없다. 모든 공부의 핵심이 독서이기 때문이다.

그리고 독서의 저변에 깔려있는 핵심은 독해력이다. 외국서적이든 국내서적이든 수학이든 무슨 책이든 본질은 독해력이다. 읽고 무슨 말인지 모르는 경우는 책을 즐기지 않아서 그렇거나 독해력이 부족한 경우가 대부분일 것이다. 다양한 어휘를 만나면서 문장을 해석할 수 있는 독해력이 생기면 자연스럽게 사색할 수 있는 힘도 생긴다.

이는 외국어 공부를 할 때도 마찬가지다. 다양한 문장을 접할 수 있는 원서를 통해 공부하다 보면 자기도 모르는 사이에 영어 실력이 많이 늘어있는 것을 발견하게 될 것이다. 이에 대한 자세한 내용은 한재우 작가의 《혼자 하는 공부의 정석》과 황농문 교수의 《몰입영어》를 참고하면 좋을 듯싶다.

앞부분에서 언급했듯이 원서를 구매하는 데 해외 사이트에서 구매하면 배보다 배꼽이 더 큰 상황이 생긴다. 내용의 깊이가 있는 것도 좋지만 문장의 구조와 단어의 배열, 어휘력 발달이 목적이라면 다양한 양서를 읽고 공부하는 것이 좋다. 인터넷 서점에서 한 번씩 외국중고서적을 헐값에 판매하는 경우가 있다. 아마존 같은 외국 직거래 사이트에서 구입할 때는 책값과 해외배송료가 비슷하거나 택배비가 더 비쌌다. 그런데 얼마 전에는 권당 100원에 판매하는 외국서적을 인터넷 서점에서 15권 가량 구매했는데 택배비 2,000원에 15권 책값이 1,500원이었다. 창고재고정리 차원이었는지는 몰라도 헐값에 외국원서들을 처분해야 하는 지경이 되니 버릴 바에 싸게 팔자 싶어 나온 모양이었다. 저렴하게 영어공부한다고 생각하고 구매했는데 확실히 도움이 되었다. 다양한 방향에서 사색할 수 있는 훈련이 되었는데, 그만큼 어휘력이 좋아진 것도 사실이다.

무엇보다 10대 때 《성경》을 많이 읽으면서 생각하는 훈련을 키우면 굉장히 도움이 된다. 종교를 떠나서 세계 최고의 역사서이자 문학 작품이 바로 《성경》이기 때문이다.

세계에서 가장 영향력 있는 100인이자 세계 최고의 저널리스트인 말콤 글래드웰은 살아 있는 고전으로 불린다. 《워싱턴 포스트》뉴욕 지부장으로 활동한 저력이 있는 그는 성공한 사람들과 실패하는 사람들의 근원적인 차이, 지리와 역사적 배경에 따라 다르게 변화할 수 있는 전쟁과 기근, 비행기 추락사고에 이르기까지 다양한 예시와 분석 자료를 토대로 《아웃라이어》를 저술했는데, 이는 곧 전 세계에 말콤 글래드웰 혁명을 불러일으키면서 '보통 사람의 범주를 넘어선 성공을 거둔 사람'으로 불리고 있다. 말콤 글래드웰의 모든 책은 굉장히 밀도 있게 잘 쓰인 고전과도 같아서 결코 쉬운 주제를 다루고 있는 게 아님에도 불구하고 쉽고 재미있게, 그리고 상당히 논리적으로 해석하는 능력이 있어서 볼펜을 들고 거의 대부분의 책에 밑줄을 그어야 될 정도로 재미와 깊이가 있다.

그런 말콤 글래드웰의 또 다른 저서의 이름은 《다윗과 골리앗》이다. 물론 내용 자체가 성경적인 내용은 아니다. 《성경》〈사무엘상〉17장에 나오는 다윗과 골리앗의 싸움에 대한 이야기를 예로 들면서 골리앗에 비해서 부족하게 보이는 다윗이 골리앗을 무찌르고 이스라엘의 왕이 될 수 있었던 것처럼, 흔히 문제점(말콤 글래드웰의 저서에 의하면, 난독증과 같은)을 가진 사람들의 성공과 철학에 대해 다루고 있다. 그리고 그 중심 본질에는 본인의 부족함을 분명히 알고 있는 사람들이 세상을 바꾼다는 내용으로 책의 전반적인 내용이 이루어져 있다. 다윗과 골리앗의 일화처럼 말이다.

향후 10년 뒤 촉망받는 직업군 중에 심리학자와 인성교육을 전문적으로 하는 강사가 인기를 끈다고 한다. 그만큼 사람들의 마음을 깊이 있게 연구하고 전문적인 교육을 받은 사람이 촉망받는다는 말이 될 것이다. 《성경》은 마음의 세계를 이야기하고 있기 때문에 심리학적인 측면에서도 굉장히 큰 도움이 된다. 성경을 통해 얻을 수 있는 지혜와 마음의 세계가 굉장히 크고 넓다는 것을 알려주는 부분이다. 특히 〈시편〉, 〈누가복음〉 15장에 나오는 탕자의 비유와 〈누가복음〉 16장의 거지와 나사로는 대학교에서 영어를 전공하는 학생들에게 중요한 학문적 토대가 되는데 성경 자체가 세계 최고의 문학작품이 될 뿐만 아니라 영어원문 역시 세계 최고 수준의 자료이기 때문이다.

무엇을 읽을 것인가

2017 가을 무렵, 아랫배 왼쪽 부분이 쿡쿡 쑤시기 시작했다. '며칠 쉬면 낫겠지.' 하는 마음으로 아내에게 별 생각 없이 이야기했는데 대뜸 병원에 가보라는 것이었다. 잘못 먹은 음식도 없고 병원이라면 질색을 하는 나였기에 아내의 말이 탐탁잖게 들렸지만, 혹시나 하는 마음에 병원을 찾았다.

"맹장염이시네요. 터지기 전에 발견돼서 다행입니다. 아시겠지만 위험한 건 아니구요, 내부에서 맹장이 터졌으면 여러모로 손이 많이 가기 때문에 최대한 빨리 수술하시는 게 좋습니다."

대학생 시절, 맹장염이 걸려서 병원에 실려간 친구를 본 적이 있었다. 나중에 들은 이야기지만 죽다 살아났다고 했다. 자기도 별 것 아니라고 생각했던 맹장염이 그렇게 아픈 줄 몰랐다고 이야기하는데 10년이 훌쩍 지난 뒤에야 맹장수술이라는 걸 하게 된 것이었다.

이틀 뒤, 병원가운으로 갈아입고 맹장수술을 준비했다. "오빠 잘하고 나와. 기다리고 있을게." 하고 이야기하는 아내의 목소리를 뒤로 한 채 수술실로 들어갔다. 30분에서 1시간 정도면 끝나는 맹장수술이었지만 많은 생각이 들었다. 평소에 쉽게 가지지 못하던 마음이었다. 누구나 실수할 수 있고 사고는 예기치 못한 곳에서 발생할 수 있다. 의료사고도 마찬가지였다. 의료사고라는 것이 출산이나 암 절제수술과 같은 경우에만 발생하는 게 아니지 않은가.

"이제 숨 크게 들이마시면 졸리실 거예요. 걱정하지 마시고 푹 주무시면 되세요. 하나둘셋 하면 숨 크게 들이쉬세요. 하나, 둘, 셋."

조용히 잠이 쏟아지기 시작했고, 스르르 잠에 빠져들었다. 잠에 빠지자마자 꿈을 꾸었다.

꿈에서 아내가 희미하게 웃고 있었다. 미소 띤 얼굴로 웃던 아내의 손이 내 얼굴을 쓰다듬다가 멀어졌다. 혹시 이게 아내와 마지막인 걸까, 하는 생각을 꿈에서도 했던 것 같다. 이 사람한테 잘해준 것도 별로 없는데, 하고 생각하던 그 순간 간호사의 목소리가 들려왔다.

"수술 잘 끝나셨어요. 병실로 옮겨드릴 거예요. 이제 푹 주무시면 되세요."

눈도 제대로 떠지지 않고 정신이 없는 와중에도 나는 간호사에게 "아내가 밖에 있나요? 아내가 보고 싶어요." 하고 이야기했고, 간호사분이 웃으면서 "네, 아내분 밖에서 기다리고 계세요. 금방 만나실 거예요." 하고 이야기해주었다. 나중에 아내는 "내가 누워 있는 침대를 끌고 오던 간호사가 엄청 웃는 얼굴로 나오더라"고 이야기해주었는데, 나는 비몽사몽이라 정신이 없었다. 그리고 아내가 덮어주는 이불을 목까지 끌어당기고 몇 시간이고 곯아떨어져서 잠을 잤다.

병원에서 몸이 회복되는 동안 아내에게 책을 몇 권 가져다달라고 부탁했다. 책 이외에 영어사전, 노트와 필기구 등도 부탁했는데 아내는 불평 한 마디 없이 여분의 책을 더 챙겨주었다.

웬만큼 몸이 아파도 병원은 커녕 약국에서 약도 타먹지 않는 나였다. 그런 상황에서 맹장수술을 하고 나니 이전에 별로 가지지 못했던 마음을 생각하게 되었는데, 비록 맹장염이었지만 병원에서 지내는 며칠 동안 살아가는 의미에 대해서 조용히 생각할 수 있는 시간을 가질 수 있었다는 것이다.

책 속에는 작가의 마음이 담겨 있다. 물론 작가가 책에서 이야기하는 것과 작가의 삶의 모습이 다른 경우를 종종 발견할 때도 있지만 기본적으로 그 사람의 생각, 그 사람의 지혜, 그 사람의 마음의 깊이, 그리고 내가 가지지 못한 깊은 세계도 담겨 있다는 것은 부인할 수 없다.

나폴레온 힐의 책을 처음 추천해주신 분은 사회적으로 굉장히 성공한 분이었는데 꼭 알려주고 싶은 책이 있다고 하면서 추천해주신 경우였다. 처음 나폴레온 힐의 책을 읽었을 때는 별다른 감동을 느끼거나 깨달음을 느끼지 못했다. 그냥 '좋은 말이구나.' 하는 정도였다. 책 속의 내용 중에 '실패자가 되는 31가지 원인' 부분에서 설명할 수 없는 내면의 깊이가 느껴지기도 했지만 그 외에는 으레 하는 좋은 이야기 정도로밖에 느껴지지 않았다.

그러다가 수술을 끝내고 지내는 며칠 동안 읽었던 그의 책은 한 글자 한 글자 묵독하면서 읽게 되었는데, '이분이 이야기한 그대로 행동하면 사회적으로 굉장히 성공한 사람이 될 수 있겠구나.' 하는 마음이 들었다. 주위에서 흔히 듣는 좋은 말들로 이루어진 책이라고 생각했는데 사실은 내용의 깊이가 너무 깊어서 표면적으로밖에 이해하지 못한 게 원인이었다.

2,200년 전 로마제국의 황제였던 아우렐리우스는 그의 저서에서 죽음을 멸시하지 말라고 이야기했다.

> '죽음을 멸시하지 말라. 오히려 죽음의 도래를 미소로 대하라. 죽음이란 자연의 의사에 속하는 것이다. 청춘과 노년, 성장과 성숙, 이와 수염과 흰머리가 나는 것과 같이, 번식과 임신과 출산처럼, 또한 자연의 계절이 우리에게 가져오는 모든 다른 과정처럼 우리의 죽음도 자연스러운 것이다. 그러므로 사색하는 인간은 죽음을 가볍게 또는 초조하게, 아니면 멸시의 눈으로 보지 않을 것이다. 그는 또 하나의 자연적 과정을 기다리듯 죽음을 기다릴 것이다. 당신의 아내의 자궁으로부터 유아가 태어나기를 기다리듯 그 가냘픈 영혼이 그 육체라는 외피로부터 빠져나가는 시간을 기다려라.'
> – 마르쿠스 아우렐리우스, 《명상록》, p. 142, 문예출판사

2,200년 전, 세계의 중심이었던 로마제국의 황제에게도, 죽음이란 지극히 자연스러운 현상이었으며 자연의 법칙 중에 하나로 다가왔다는 것은 매우 고무적이면서도 위로가 될 수 있는 말이었다. 인

생의 의미, 어느 곳에 초점을 두고 살아야 하는가? 그에 대한 해답을 찾을 수 있는 방법이 독서에 있다는 사실은 가슴 깊이 감사함으로 다가오기까지 했다. 평소에 잊고 살았던 마음, 무엇을 하고 살 것인가 하는 염려와 걱정 속에서 앞만 보고 달려가다가 잠시 멈추었을 때 느끼는 고요함, 그 속에서 발견한 깊고 오묘한 세계. 마음을 깊이 적셔주는 풍요로운 지혜의 말씀들과 조언들은 마음을 깊이 채워주었다.

며칠간의 휴식을 통해 마음에 중요한 사실들을 하나하나 채워나갈 수 있었다. 무엇보다 《성경》을 읽을 때마다 느낄 수 있는 깊은 감동은 마음에 새로운 풍성함을 채워주며 기쁨으로 가득하게 만들어주곤 했다. 인간의 능력으로는 결코 쓰일 수 없는 놀랍고 깊은 세계에 대해 나는 경외감과 함께 틈이 날 때마다 조용히 생각할 수 있는 기회를 가질 수 있었다.

물론 모든 책이 나와 맞거나 가슴에 감동을 남기고 교훈을 남기는 것은 아니었다. 어떤 책은 많은 사람들에게 귀감이 될 정도로 훌륭하고 충분히 역사적 반열에 오를 만한 작품이었지만 별다른 감흥을 받지 못하기도 했다. 너무 잔인하거나 너무 난해해서, 혹은 다소 부끄러울 수 있는 장면을 적나라하게 표현하는 서술방식에 대해 내가 깊이 있게 이해하지 못한 경우였다.

작가와 독자와의 관념이 다르다는 것도 이유가 될 수 있었다. 나름대로의 기준을 가지고 대하다 보니 책이 가지고 있는 깊은 맛을 느끼지 못하기도 했고, 작가의 의도와 상관없이 상충되는 의견을 가지고 있어서 읽다가 그만둔 경우도 종종 있었다. 어디까지나 내 탓이었다.

그때 느꼈던 기쁨과 감동들은 지금도 남아 있어서, 나는 하루 중 언제라도 조용히 사색할 수 있는 시간을 만들어두려고 노력하는데 이제 무엇을 읽을 것인가에 대한 해답을 찾는 시간이기도 하다. 그 순간만큼은 오롯이 내 시간이 되어, 지금보다 한층 더 성숙하게 만들어줄 수 있는 기회를 스스로에게 제공한다는 점에서 의미가 크다. 읽고 싶었던 책을 찾으면 그 책을 먼저 접한 사람들이 느낀 의견들을 살살이 읽어본다. 나와 다른 사고방식을 가진 사람들이 느끼는 바가 나와 같을 리도 없고, 미리 어떤 내용을 담고 있는지 알고 나면 더 쉽고 빨리 읽어낼 수 있는 소스도 발견할 수 있기 때문이다.

하지만 이 책이 좋다더라, 저 책이 좋다더라, 하는 식의 독자서평에 대해서는 별로 관심 없다. 당대의 베스트셀러 작품들 중에는 구구절절 좋은 말로 포장은 되어 있어도 인생을 바꿀 만한 능력을 가진 책들을 찾아보기는 어렵기 때문에 별로 기대하며 찾지는 않는다. 줄곧 판매부수 1위를 하는 어느 종교인의 책은 밀리언셀러답게 아름답고 풍성한 문장들과 어록으로 가득 채워져 있었지만, 정작 독자들을 위한 북콘서트에 가보니 지각에 짜증스러운 대답, 전혀 준비하지 않고 즉각적으로 반응하는 등의 몰지각한 행동을 한다는 어느 독자의 후기로 인해 거들떠볼 생각조차 하지 않았다. 작가의 듣기 좋은 말과 달리 행동이 뒷받침되지 못한다는 것은 본질을 꿰뚫는 힘이 있다기보다 언변에 능하다는 인상을 줄 뿐이다. 종교에 뜻을 둔 사람이면 본업에 관련된 책을 써서 사람들에게 진리를 알게 할 일이지 에세이를 왜 쓰는가? 물론 지극히 개인적인 생각이지만 책에 관해서만큼은 진중하게 생각해야 한다고 생각하는 입장이다.

　더 넓은 세계를 탐구하며 마음과 생각의 깊이를 넓힌 사람들의 지혜는 수천 년이 지나도 변치 않고 '책'으로 남아 오늘을 살아가는 우리들에게 큰 교훈과 깊은 감동을 준다. 우리는 '독서'라는, 전쟁과 기근의 위협으로부터 벗어난 지극히 단순하고 쉬운 과정을 통해 그들이 쌓아둔 지혜의 세계들을 만나볼 수 있다. 오늘, 지금 바로, 무엇을 읽을 것인가에 대한 고민을 할 필요는 없을 것이다. 지금 책상 위에 무슨 책이 있는지를 보면 되니까. 하지만 '앞으로 무슨 책을 읽을 것인가'에 대한 부분은 본인이 스스로 찾고 탐구해야 할 영역일 것이다. 그것이 무엇이든 나를 변화시키는 것이어야 한다는 사실을 이해하고 깨닫는다면, 오늘 읽는 책과는 조금은 달라야 하지 않을까.

chapter 5

인생이라는
질문

인생이 뭐에요?

　몇 년 전 친한 지인이 주관하는 토론모임에 나간 적이 있다. 교육기관에 종사하는 원장님이셔서 서로에게 도움이 되는 이야기를 자주 나누는 분이었는데 40대 초반 어머님이 11살 아들을 데리고 나오셨다. 이런저런 이야기를 나누다가 불쑥 고민을 이야기하셨다.

　"11살 아들이 얼마 전에 질문을 했어요. '엄마, 인생이 뭐에요?' 하고요. 그 질문에 어떻게 대답을 해야 할지 모르겠더라고요. 아들이 인생이 뭐냐고 묻는데 어떻게 말해야 할지 모르는 제가 참 부끄럽고 화가 나기도 했구요."

　11살짜리 아들은 모임장소를 돌아다니며 기웃거리다가 나와 눈이 마주쳤다. "누구지?" 하더니 내 옆에 와서 앉았다. 그날 나를 처음 봤는데 똑같은 질문을 했다.

　"삼촌, 아니 선생님, 인생이 뭐에요?"

　인생을 한마디로 이야기할 수 있는 사람이 있을까. 저마다의 의견은 있지만 정답은 아니다. 3가지가 다르기 때문이다. 첫 번째는 살아온 환경이고, 두 번째는 살면서 만나는 사람이며, 세 번째는 변화에 대한 시점이다. 중차대한 변화를 발견하는 시점이 다르기 때문에 인생을 대하는 자세와 모양도 다양하지 않은가.

"너 1더하기 1이 뭔지 알아?"

"네. 2요."

"그렇지. 1더하기 1은 2야. 그런데 인생은 그런 식으로 답을 찾기가 어려워. 인생은 1더하기 1은 2처럼 답이 나오는 게 아니거든. 내가 살아온 인생의 모습이 있고, 너의 어머니의 인생의 모습도 있고, 네가 살아갈 인생의 모습이 있어. 우리 할아버지는 휴대폰을 한 번도 만져보지 못한 인생을 사셨는데 우리는 휴대폰으로 쉽게 외국 친구들도 사귈 수 있는 인생을 살고 있어. 인생은 무엇이다 하는 대답을 찾는 건 쉽지 않아.

"음, 그럼 선생님은 인생이 뭐라고 생각하세요?"

"지혜를 쌓는 과정이라고 생각해."

"지혜가 뭐예요?"

"1더하기 1은 2라는 것을 알려주는 걸 지식이라고 하고, 행복이 무엇이냐는 질문에 누구든지 이해할 수 있게 설명할 수 있는 걸 보고 지혜가 있다고 해."

그 녀석은 한동안 내 눈을 멀뚱멀뚱 쳐다보다가 고개를 끄덕이고 다시 돌아다니기 시작했다.

공무원이셨던 아버지는 내가 중학교에 다닐 때 안동 하회마을에서 근무하셨다. 직업 특성상 근무지가 옮겨지곤 하셨는데 내가 초등학교 고학년 때부터 중학교를 졸업할 때까지 하회마을에서 근무하셨다. 아버지가 하회마을로 근무지를 옮기셨을 때 내가 다니던 중학교는 아버지가 출근하시던 길 도중에 있었기 때문에 늘 아침마다 태워주시곤 했다.

아침에 아버지가 나를 태워다주시면서 늘 하시는 게 있었다. 학교에 도착해서 차에서 하차할 때, 아버지는 내게 주먹을 불끈 쥐어 보이시면서 환한 얼굴로 "아들, 오늘도 힘차게 파이팅!" 하고 이야기하시는 것이었다.

"파이팅!" 하고 나 역시 아버지를 향해 미소를 지어 보였지만, 당시에 알 수 없었던 그 어색한 기분과 알 수 없는 두려움은 지금도 내게 어색함으로 남아 있다. 비라도 주룩주룩 내리거나 날이라도 흐린 날에는 그런 두려운 마음과 알 수 없는 울적함이 더했는데 지금도 그때를 생각하면 그리운 감정보다는 약간의 긴장감이 내 머릿속을 맴도는 것을 느낀다.

1장에서도 이야기했듯이, 나는 10대 시절로 돌아가고 싶었던 적이 단 한 번도 없다. 추억이 없었던 것은 아니다. 왕따도 아니었고 친구들도 많았다. 지금까지 연락하고 있는 친구들도 있다. 지난 유년 시절을 돌이켜보면 좋은 친구도 있었고, 잊고 싶지 않은 소중한 추억과 기억들도 분명히 있었다. 학업에 대한 부담감, 부족한 용돈, 부모님의 잔소리도 문제가 아니었다. 내겐 유년 시절로 돌아가고 싶지 않은 이유가 한 가지 있는데, 마음이 어려서 내게 찾아오는 어려움들을 이겨낼 만한 힘이 없었고, 마음을 컨트롤 할 수 있는 여건과 이끌어줄 만한 사람들이 주변에 없었다는 것이 가장 큰 이유다.

어떤 어려움이나 문제가 생기더라도 능히 헤쳐 나갈 마음의 힘이 있고, 또 크고 작은 문제들 속에서 내가 헤매거나 우왕좌왕할 때 적절한 방향을 이끌어주는 수많은 지인들이 곁에 있는 지금과 비교해 볼 때, 중고등학교 시절은 하루하루를 견뎌내야 했다는 표현이 더 적절하다.

내가 다니던 중학교는 경북 안동에 위치하고 있는데, 지금은 주변에 아파트단지가 들어서면서 제법 번화한 동네가 되었지만 20년 전만 해도 산으로 뒤덮여진 골짜기 학교였다. 바로 옆에는 여자상업고등학교가 있었는데, 교복을 짧게 줄이고 뒷산에서 남자선배들이랑 담배를 피우는 여고생들이 많이 있었다. 학교를 마치고 집으로 가는 길에 무서운 누나들이랑 마주치지 않으려고 빙 돌아서 가기도 했다.

중학교에 입학한 첫날, 학교에 등교했는데 한 학생이 손에 빗자루를 거꾸로 들고 다른 학생을 아주 심하게 때리는 것을 봤다. 맞는 학생은 아무런 표정 없이 맞고 있었고, 때리는 학생은 계속 빗자루를 휘두르다가 나중에는 주먹을 쥐고 때리기 시작했다. 맞는 학생 뒤에는 몇 명이 서 있었는데 때리던 학생이 발로 배를 차자 맞고 뒤로 넘어지는 걸 잡아주었다. 동급생인 것 같았는데 나는 멍하니 그 모습을 쳐다보다가 교실로 들어갔다. 왜 그렇게 심하게 때렸는지, 그리고 왜 그토록 멍청하게 맞고만 있었는지 지금도 이유를 모른다.

초등학교를 졸업하고 입학한 중학교 1학년 교실이었지만 마치 교도소에 있는 것만 같았다. 초등학교 게시판에 붙어 있는 가족소개란이나 나의 꿈, 알록달록한 색깔 색종이로 만든 나의 미래 같은 건 없었다. 칠판은 크고, 책상은 넓고 딱딱했으며, 1년 동안 같은 교실을 사용할 같은 반 학생들의 표정은 다들 굳어 있었다. 중학생이 된다는 건 이런 딱딱한 분위기에 적응되어야 한다는 뜻인가 보다, 하고 막연하게 생각했다.

학교생활에 적응하고 학년도 올라가는 동안, 초등학교 때는 잘 발견하지 못했던 많은 것들을 보게 되었다. 그중에 한 가지는, 굉장히 독특한 성격을 가진 부류가 있다는 것이었다. 쉬는 시간에 음란물을 잔뜩 인쇄해 와서 큰 소리로 읽으며 낄낄거리는 건 양반이었다. 학교 복도를 지나가다가 일부러 어깨를 부딪치고 난 뒤 "앞도 제대로 안 보고 다니냐"면서 구타를 하는 경우도 많았다. 어디에서도 마음을 다스림 받지 못해서 삐뚤어진 아이들의 특징이었다.

아래는 웹서핑을 하다가 알게 된 신문기사의 일부분인데, 10대들의 잔혹한 범죄에 대해 다룬 기사다. 10대들의 소행이라고 하기엔 너무 잔혹하고 끔찍하다.

인천 한 아파트 옥상에서 또래 중학생을 집단 폭행해 숨지게 한 혐의로 재판에 넘겨진 중학생들이 법정에서 폭행해 다치게 한 사실은 인정하면서도 사망에 이를지는 몰랐다는 취지로 진술했다.

(… 중략 …)

A군 등은 경찰 조사 당시 "C군이 A군 아버지 얼굴에 대해 험담하고 우리들과 노는 것보다 게임 하는 게 중요하다고 해서 화가 나 때렸다"고 진술했다. 이들은 C군이 숨진 직후 "도망가면 의심을 받으니 자살하려고 뛰어내린 것으로 입을 맞추자"고 했던 것으로 확인됐다

–《한국일보》, 2019. 01. 15.

중학교에 다닐 때 한 친구가 있었다. 부리부리한 눈에 옷도 잘 입어서 여학생들에게 인기가 많았다. 화려한 옷을 입고 다니는 걸 좋아했고, 보면 볼수록 매력이 있었다. 하지만 굉장히 거만했고 자신이 세상의 중심이라도 되는 것처럼 함부로 행동했다.

예를 들면 이런 식이었다. 체육시간에 아무 교실에나 가서 빈자리에 걸린 체육복을 가지고 간다. 체육시간이 끝나고 체육복을 갖다 주러 갔을 때, 상대방이 불쾌한 표정을 보이는 즉시 주먹을 날렸다. 중학생이었기에 가능한 일들이었는지도 모른다.

나중에 알게 된 이야기였지만, 그 친구는 초등학교에 다닐 때 왕따였다. 늘 괴롭힘을 당하는 학생이었다. 대단한 사람도 아닌데 잘난 체하고 행동이 건방지다는 이유 때문이었다. 자녀교육에 무관심했던 아버지는 점점 커가는 아들을 다스리지 못했고, 덩치가 커지면서 반항심 가득했던 아들은 비슷한 유년 시절을 보낸 친구들을 모아 그들

만의 무리를 만들었다.

어떤 친구는 하루가 멀다 하고 도둑질과 강도짓을 일삼다가 법원까지 갔고, 결국 판결을 받아야 했다. 무섭고 엄한 분으로만 생각했던 담임선생님은 우리에게 종이 한 장씩을 나눠주셨다.

탄원서였다.

'친구가 무사히 공부를 마치고 중학교만이라도 졸업할 수 있도록 부디 선처를 내려달라'고 부탁하는 내용의 탄원서는 선생님의 자필로 쓰여 있었는데, 탄원서 덕분이었는지는 몰라도 그 친구는 몇 개월 뒤 무사히 학교로 복귀할 수 있었다. 그러나 어머니가 없이 어린 시절을 보내며 자란 그 친구는 아버지를 싫어했고, 하루가 멀다 하고 가출을 일삼았다.

그런 경우는 수도 없이 많았다. 얼굴 한 번 쳐다봤다는 이유로 '함부로 얼굴을 쳐다보는 태도가 건방지다'면서 뒷산으로 끌고 간 뒤에 온 몸에 피멍이 맺히도록 때리는 경우도 다반사였다.

당시 친하게 지내던 친구 한 명은 어떤 친구와 다퉜다는 이유로 몇 명의 동급생들에게 끌려가서 화장실에서 밀대자루가 부러지도록 맞기도 했다. '감히 우리 친구 한 명을 건드렸다.'는 게 그 이유였다. 어그러진 가정환경에서 자라났거나, 그런 환경을 가진 친구들을 통해 마음이 삐뚤게 형성되어 있었다.

힘든 시기였다. 선생님들은 어떻게 아이들을 관리해야 하는지 몰랐고, 그저 매나 호된 야단으로 다그치기만 했다. 크고 무거운 슬픔과 어려움을 가지고 있으면서, 어느 누구도 선생님에게 솔직하게 이야기하고 도움을 구하지 못했다. 폭력적이고 거만했던 녀석들은 나이가 들면서 성인이 되고, 아버지가 되고, 어머니가 되었다. 그리고 자신들이 저지른 실수에 대해 책임져야 할 나이가 되었다. 오랜 시간이 지나서야 나도 조금씩 그런 친구들을 이해할 수 있는 마음도 생겼다. 그들을 탓하기보다, 그들에게 마음을 이끌어줄 만한 스승이 없었던 것을 탓하게 된 것이다.

"이제 고3이 되는데, 상담 좀 부탁드릴게요. 만나보시면 압니다."

몇 년 전 어느 날이었다. 지인의 소개로 알게 된 분이 아들 상담을 부탁하느라 아들을 데리고 오셨다. 자그마한 키에 눈이 예쁘고 잘생긴 남학생이었는데 술과 담배, 여자 친구에 빠져 있는 전형적인 10대 학생이었다. 손등에는 상처가 있었는데 수많은 패싸움의 흔적이었다. 몇 마디 대화를 나눈 뒤 이 학생에게 이야기했다.

"네가 살면서 알아야 될 예의가 몇 가지 있어. 아주 중요한 거야. 첫 번째는 술에 대한 건데, 어른이랑 술을 마실 때는 고개를 돌리고 잔을 들이키는 거야. 이게 술에 대한 예의야. 두 번째는 담배인데, 담배를 피울 때는 세 가지 중요한 예의가 있어. 첫 번째로 담배를 태울 때는 숨어서 피워야 돼. 이게 담배에 대한 첫 번째 예의야. 두 번째는 담배를 태울 때 고개를 돌리고 담배연기를 내뿜는 거야. 이게 담배에 대한 두 번째 예의야. 마지막으로 세 번째는 담배를 피우다가 어른에게 발각되었을 때, '죄송합니다.' 하고 이야기하면 돼. 이게 담배에 대한 세 번째 예의야. 이것만 지키면 너는 앞으로 많은 사람들을 얻게 될 거야."

학생의 눈빛이 점점 반짝이기 시작했다.

모든 인생마다 기회는 다르다. 어디에 태어날지, 어떤 부모를 통해 태어날지, 주변에 존재하는 사람들과 시대적 변화에 따라 어떤 가치관을 가진 사람으로 성장할지가 정해진다. 인생에 교과서처럼 방향이 정해져 있다면 모든 사람들은 그 길로 가려고 애를 쓸 것이다. 하지만 삶은 매우 다양한 길이 있고 방향이 있다. 그러므로 삶의 다양성을 존중할 수 있는 부모와 교사일수록 성공적인 인생을 창조할 수 있는 자녀를 인도하기가 쉬워진다. 나는 교육의 일을 하면서 만나는 모든 학생들에게 이야기한다.

"네가 모르는 게 하나 있는데, 너는 내가 만난 학생 중에 가장 멋진 학생이야. 그리고 네가 와줘서 정말 좋다. 네가 몰라서 그렇지, 사실이야."

어떤 학생은 멋쩍은 웃음을 짓고 어떤 아이는 아니라고 발뺌을 하기도 하지만 나는 진심을 담아 이야기했고, 마음으로 받은 아이들은 빠른 성장을 보여주었다.

2012년 기준 1억 명의 회원을 모집하고 27살에 야후에 1조 2,000억 원에 회사를 매각한 20대 억만장자, 마이크로블로그 텀블러의 창업자인 데이비드 카프는 학창시절 부모님과 선생님의 영향이 매우 컸다고 이야기한 바 있다.

11살에 전문가 수준의 웹사이트를 제작할 줄 알았던 2001년, 뉴욕 최고의 공립 영재 학교 중 하나인 브롱크스 과학 고등학교에 재학 중이던 그에게 다가가 "학교를 중퇴하고 하고 싶은 일을 하길 바란다." 는 어머님의 말씀을 힘입어 텀블러를 창업했는데 그에 대한 결과는 놀라우리만치 긍정적이다. 왜 해야 하는지 모르고 하는 공부, 어떻게 살아야 가치 있는 시간을 보냈다고 이야기할 수 있는지도 잘 모르는 인생에 대해, 좀 더 풍요로운 혜택을 받을 수 있을 것이라는 막연한 기대감만 가지고 대학에 진학하고 공부하는 것보다 내가 잘하는 것, 내가 원하는 것에 온 열정을 쏟아 부었을 때 얻을 수 있는 결과들에 대해 이야기하고 있다. 어머니의 과감한 선택은 세계 최연소 억만장자 프로그래머를 탄생시켰다.

데이비트 카프처럼 뛰어난 천재 프로그래머의 뒤에는 뛰어난 어머니의 선택이 있었고, 결국 한 사람의 인생에 있어서 잊을 수 없는 소중한 결과를 창조할 수 있도록 해주었다. 사실 우리 대부분은 평범한 축에 속한다. 뚜렷한 취미나 취향도 없고, 각별히 소중하게 여기는 꿈마저도 없는 사람들이 많다. 인생을 가르치는 경험을 만나보지 못했기 때문일 수도 있다.

2007년 전남 보성에서는 충격적인 연쇄살인사건이 발생했는데, 70대 노인이 젊은 남녀 4명을 차례로 살해한 사건이었다.

당시 범인이었던 70대 노인 O는 불우한 가정에서 태어나 20살 때부터 혼자 배를 타고 나가서 고기잡이를 하며 생활하는 시간이 많았다. 평생 타인과 마음을 부대끼며 살아본 적이 없는 노인이었다.

어느 여름날, 서울에서 놀러와 바다구경을 하고 싶다던 20대 젊은 남녀 대학생 커플이 "바다구경을 하고 싶은데 태워주실 수 있느냐"는 질문에 흔쾌히 배에 태워서 선착장에서 멀리 떨어진 곳으로 배를 이동시킨 범인은, 얼마 뒤 젊은 여대생을 성폭행하고 싶다는 생각에 사로잡혀 남학생을 바다 위로 빠트려서 죽인 다음에 여대생을 강간하려다가 강하게 저항하는 여대생을 강간하는 것이 실패하자 남학생과 같이 바다로 빠트려서 살해했다. 3주 뒤, 똑같은 방법으로 2명의 여대생을 바다로 데리고 가서 강간하려다가 강하게 저항하자 바다 위에서 물에 빠트려 살해했다. 당시 남녀커플의 시신을 발견한 경찰은 정확한 경위와 증거가 없는 상태였기 때문에 범인의 범죄 사실을 확인하지 못했으나 이후 재수사를 통해 범인의 자백을 받아냈고 사건을 일체 정리할 수 있었다.

당시 범인은 사건을 수사하는 경찰에게 "그 사람들보다 내가 더 불행해졌다", "그 많은 배들 중에서 왜 하필 내 배를 태워달라고 했느냐, 돈 안 받고 공짜로 태워준다고 할 때 탄 사람들도 문제 있는 게 아니냐"라고 이야기했다고 하는데, 70년이라는 세월을 고립되어 살아온 사람의 인생이 어느 방향을 향하고 있는지, 그렇게 만들어진 결과가 얼마나 많은 사람들에게 피해를 주는지 보여주는 사건이었다.

눈빛만 봐도 존경해야 할 대상이라고 느껴지는 사람, 말 속에서 품

위와 깊이가 느껴지는 사람을 종종 만날 때가 있다. 나는 이것이 어른이라고 생각한다. 환갑이 넘은 노인의 모습을 하고 있어도 존경은 커녕 인상이 찌푸려지는 사람이 있다. 연로함에 대한 대우는 해줄 수 있어도 그 이상의 존중은 어렵다. 어른이라고 하기엔 행동에 무게가 없고 경박한 경우다.

나이가 많다고 어른이 아니라는 것을 30대가 되면서 자주 느낀다. "진정으로 교육받은 사람은 자신의 마음을 다루는 법을 알고 있으며, 다른 사람의 권리를 침해하지 않고 자신이 바라는 것을 얻을 수 있다"는 철강왕 카네기의 말에서 알 수 있듯이, 10대가 아니라 20대, 30대가 되어서도 마음을 다루는 법을 알지 못한 채 사회의 구성원이 된다면 인생에서 가장 중요한 것을 모르고 남은 인생을 사는 것과 같다.

시간이 지나면 누구나 성장하고 변화한다. 뽀얀 얼굴에는 거뭇거뭇한 수염이 생기고 목소리도 달라진다. 나이가 들면 건장하던 육체도 점점 약해지고 기억력도 사라진다. 인간은 누구나 이렇게 변하고, 이렇게 흘러간다. 그러나 어릴 때 가지고 있던 좋은 추억이나 안 좋은 경험들, 기억들은 오랜 시간이 지나도 그 모습 그대로 유지된다. 어떤 경험과 어떤 마음을 가지고 사느냐에 따라 삶의 모습이 완전 달라질 수도 있다. 이제, 인생이 무엇인가 하는 질문에 당신은 무엇이라고 대답하고 싶은가?

인생에 쌓을 한이 있는가?

수년 전, 지인과 길을 가다가 리어카에 폐지를 싣고 이동하는 한 사람을 봤다. 별 생각 없이 나는 "저런 분들은 왜 폐지를 주우실까요? 불경기라 먹고살기가 참 힘든 세상이네요."라고 이야기했다. 아무생각 없이 내뱉은 말이었고 무슨 반응을 기대하고 한 말도 아니었다. 그런데 내 말을 들은 그분은 이렇게 이야기했다.

"저분들은 다른 사람들과 소통하지 않기 때문에 리어카를 끌고 다니면서 폐지를 줍는 겁니다."

그분이 이야기를 이어갔다.

폐지를 줍는 사람들이 젊은 시절부터 폐지를 줍거나 어려운 형편에 처한 건 아니었다. 남들이 열심히 수고하고 노력할 때 배울 마음을 가지고 소통하면서 함께하지 않았기 때문에 기술과 정보를 습득하지 못했고, 당연히 자본을 모은다거나 저축을 하는 습관도 들이지 못했다. 이는 곧 무리 속에 속하지 못하는 마인드를 형성시켰고 결국 폐지를 줍는 일밖에 할 수 없다는 것이었다.

그렇다고 그런 일 자체가 나쁘다거나 직업의 귀천을 이야기하는 것은 아니었다. 리어카를 끌고 다니면서 차곡차곡 돈을 모았더라면 작은 트럭이라도 한 대 사거나 하다못해 오토바이라도 샀을 것이고, 그랬더라면 훨씬 더 많은 폐지를 주울 수 있게 될 뿐만 아니라 폐지보다 더 돈이 되는 고물들도 주워서 판다면 훨씬 많은 소득을 벌어들여서 작은 사업체라도 하나 만들 수 있을 거라는 이야기도 덧붙였다. 차곡차곡 돈을 모아 트럭을 산 뒤에 더 많은 폐지와 고물을 주워다 팔고, 심지어 나중에는 직원을 거느리고 고물상을 운영하는 지인도 있다고 이야기하셨다. 직업을 문제 삼는 게 아니라는 말이다.

"불경기라서 저분들이 리어카를 끄는 게 절대 아니에요. 불경기가 아니었던 적은 별로 없어요. 저분들은 절대 배우지 않아요. 조금만 생각하면 더 좋은 길이 있는데 생각 안 해요. 정말 그런가 싶으면 가서 말 걸어보세요. 말 몇 마디 나눠보면 대번 알아요."

한편으로 놀랐지만 생각해보면 일리가 있는 말이었다. 폐지를 주워서 판돈으로 좋은 일에 쓰는 분도 있었지만 대부분 그날 술값으로 허비해버리는 경우를 많이 봤고, 작은 도움이라도 될까 싶어 몇 마디 거들다 보면 지레 손사래를 치면서 '나이도 어린놈이 감히' 하는 눈빛으로 위아래로 부라리는 경험을 몇 번 겪었기 때문이다.

하루는 차를 타고 일방통행 도로로 가는 도중에 폐지를 가득 실은 리어카를 끌고 반대편에서 오는 중년남자가 있길래 혹여 충돌이라도 있을까 싶어 천천히 운전해서 지나갔더니 도리어 쌍욕을 퍼부으면서 "그렇게 천천히 지나가면 내가 어떻게 지나가느냐"고 고래고래 소리를 지른 적도 있었다. 나는 창문을 내리고 "일방통행인데요."라고 이야기하며 빤히 쳐다봤는데, 고래고래 소리를 지르던 그분이 고개를 푹 숙이고 리어카를 끌며 조용히 지나가는 게 아닌가. 업무용으로 몰고 다니던 차가 경차였기 때문에 젊은 여성이라고 생각했는지도 모르겠지만 약자에 강하고 강자에 약한 사람들이라는 마음이 들었다. 직업 때문이 아니라 마음의 구조 때문에 대단찮은 사람들이라는 인식이 남았다.

직업에 귀천이 있을 리 없고 사람도 마찬가지지만, 상대방을 대할 때 어떤 사람인지를 분별할 수 있는 시각을 갖추는 것은 매우 중요하다는 사실을 발견한 것이 그때쯤이었다. 회사에서 함께 근무하는 직원들이나 가족처럼 평소에 대하는 사람들이야 오랜 시간을 함께하면서 장단점도 보고 이해할 수 있는 시간도 같이 가지지만, 그렇지 않은 사람들을 대할 때는 겉모습만 보고 판단하기가 쉽기 때문이었다.

그런 경험을 겪고 난 이후에, 사람을 대할 때 조금 다른 시각을 가지고 바라보게 되었다. 그 시각의 기준은 나랑 맞는 사람인가 아닌가로 저울질하면 안 되었다. 편협한 기준이기 때문에 배울 점이 많고 좋은 사람들도 잃어버리는 수가 생기기 때문이다. 나름대로 생각해낸 기준은 그 사람의 마음에 한이 있는가 없는가를 먼저 확인하는 것이었다.

"인생은 한을 쌓는 것이다. 마음에 한이 없는 사람은 입에서 나오는 소리가 아무리 고와도 결국에는 일을 망친다."

수년 전, 어느 지인에게서 들은 이야기다. 마음에 한이 없는 사람의 이야기는 아무리 곱고 아름다워도 아름다운 그것만으로 끝나버리기 때문에 더 이상 마음에 깊은 울림을 주지 못한다는 말이었다. 마음에 한이 쌓인 사람의 이야기는 큰 울림과 감동을 주며, 다른 사람의 마음에 변화를 일으켰다. 인생의 장기적인 관점에서 봤을 때 마음의 한이 결코 나쁜 것만은 아니며, 도리어 그런 한을 통해서 더 크고 넓은 마음의 세계를 만들어갈 수 있음을 의미하기도 했다.

여보!
나 당신 애들 다 결혼시켰어요
한 번만 말해줘요
고생했다고.

연세가 80세 가까이 되어서 한글을 배우신 할머니께서 젊은 시절 일찍 세상을 떠난 남편에게 보내는 편지를 인터넷에서 읽은 적이 있다. 충북 옥천군 안내면에서 살고 계신 할머님들이 '행복한 학교'라는 이름의 교육기관에서 배운 한글로 시를 쓰셨고, 그렇게 모은 127편의 시가 《날보고 시를 쓰라고》라는 제목의 책으로 출간되었다. 이 편지는 《날보고 시를 쓰라고》에서 두 편의 시를 기재하신 최종예 할머니의 시 중에 하나의 일부로, 삐뚤삐뚤한 글씨로 쓴 할머니의 편지 원

본이 인터넷 각종 커뮤니티에 돌아다니면서 많은 사람들의 마음속에 깊은 슬픔의 감동을 남겼다. 그 편지를 토대로 각색하여 시로 편집한 것이었는데 그 책에는 또 다른 할머님들께서 쓰신 시가 많이 있었다.

체계적으로 시를 배우기는커녕 한글을 겨우 배우기 시작한 분들이 쓴 시였지만 그러기엔 너무 깊은 울림이 있었다. 마음의 한이 묻어나는 시였다. 한편 황연자 할머님이 쓰신 〈아버님의 비질〉이라는 제목의 시 일부다. 길지 않은 시지만 깊은 마음의 모습이 있다.

먼저 떠나보낸 자식새끼
아픈 상처를 쓸어냅니다

자식을 먼저 떠나보낸 아버지가 매일 아침 마당을 청소하시면서 슬픔과 그리움과 한을 쓸어낸다는 이야기를 담담한 어조로 담아낸 시였다. 시에서 마음의 한이 묻어난다. 이처럼 마음의 한은 울림을 던져준다. 길게 말하지 않아도 누구나 느낄 수 있는 깊이가 있다. 그러나 마음에 한이 없는 사람의 이야기는 아무리 곱고 아름다워도 큰 감동을 주지 못한다. 마음에 쌓인 한은 없는데 소리는 고와서 듣기 좋은 말을 잘 만들어내는 사람들이 많이 있다. 더군다나 그런 소리가 듣기도 더 좋은 법이다. 삶이 따라주지 못하는 고운 소리가 무슨 감동이 있겠는가?

나는 마음에 무슨 한이 있는가 생각해봤다. 마음에 한은커녕 생각을 정리하는 일도 제대로 하지 못하는 젊은 사람에게 한이라고 할 만한 게 뭐가 있겠느냐마는, 자세히 보니 나도 고만고만한 한이란 게 있었다. 남들의 눈에 어찌 보면 대단찮은, 그러나 가끔 마음을 착잡하게 만드는 그런 한이 내게도 있었다.

내게는 배움에 대한 한이 있었다. 한글을 못 배운 것도 아니고, 좋은 대학을 가지 못한 것도 한이 아니었다. 사업을 실패하고 난 뒤에 고생한 게 마음에 남아 반드시 크게 성공하겠다는 한을 품은 것도 아니었다. 그 한은 바로 대학원 시험에서 떨어진 한이었다.

한 번도 무대를 접해보지 않은 20대 중반의 어느 날, 우연한 기회로 연극무대에 오를 기회가 생겼다. 희한하게도 평생 해야 할 천직처럼 느껴졌다. 탁월하기 위해서는 재능과 전혀 상관없이 피나는 연습과 노력이 필요하다. 세계적인 저널리스트 말콤 글래드웰이 이야기한 것처럼 프로에게는 1만 시간의 노력이 필요한 법이다. 다만 무대 공포증이 없는 사람들은 존재했고, 그런 건 따로 재능이 필요한 일이 아니었다. 나 역시 마찬가지였다.

개인적으로 연극과 뮤지컬은 예술 분야에서도 가장 인문학적인 종합예술이라고 생각하는데 그 속에는 사회, 역사, 철학, 문화, 음악 등 다양한 요소들이 포함되어 있기 때문이다. 기본적으로 사람들의 이야기가 녹아 있고, 다양한 스토리를 통해 갈등을 해결하고 대화하며 소통하는 극적 요소가 다분히 포함되어 있는 분야가 예술 쪽에서도 연극과 뮤지컬인데, 혼자서 책을 읽거나 조용히 생각하는 것을 좋아하는 내가 연극에 관심을 가지게 된 것은 그런 강점들이 내 마음을 충분히 자극시켰기 때문일 것이다.

게다가 나는 아내보다 더 감수성이 예민했다. 웬만큼 슬픈 영화를 봐도 "저 사람 눈물연기 잘하네." 하고 반응하는 아내와 달리 어린이를 위한 동화책을 읽다가도 눈물을 줄줄 흘리는 성향을 가진 탓에 다양한 내적 갈등을 다루는 연극무대가 굉장히 아름다우면서 고무적인 공간으로 다가왔던 것도 사실이다.

당시 연출가 선생님은 공연경험이 전혀 없는 초짜였던 내게 대학원 진학을 이야기하셨다.

"네가 끼가 있다. 그런데 체계적으로 배우지는 못했다. 네가 이쪽 분야에서 나 말고는 아는 사람도 없는 상황이라 체계적으로 더 배워야 된다. 대학을 다시 들어가는 방법도 있는데 나이가 있으니 그건 좀 그렇고, 대학원에 가면 지금보다 좀 더 연기를 배울 수 있다. 지금 배우는 건 누구나 할 수 있는 거니까 좀 더 깊이 있게 배워보자."

연출가 선생님의 말은 힘이 되었고 용기를 북돋워주었지만 여러 가지 사정으로 인해 나는 무대를 떠났다. 잦은 마찰과 경제적인 부담감, 어쩌면 이 길은 내 길이 아닐지도 모른다는 두려움으로 다시 시작할 용기를 잃어버린 상태로 있었고 여건도 좋지 않았다. 그럼에도 불구하고 연출가 선생님은 내게 계속해서 연기의 끈을 놓지 말라고 이야기하시면서 자극과 격려를 아끼지 않았다.

종종 통화를 할 때가 있었다. 별다른 이야기를 하지 않아도 마지막에는 늘 똑같은 이야기를 하셨다.

"형이랑 연기 해볼래?"

연출가 선생님이면서 '형, 동생' 하는 사이였다. 선생님은 나를 지극히 예뻐하셨다. 술이 잔뜩 취한 어느 날 전화로 나를 부르셨고, 조용한 술집에서 오뎅이랑 라면을 잔뜩 시켜놓고 "너 술 안 먹는 거 안다. 나는 소주 한 병이면 되니까 이거 다 먹어라." 하고 이야기하셨다.

"안 그렇게 생겼는데 잘 먹더라. 많이 먹어라."

먹다먹다 지쳐서 나왔는데 길거리 오뎅 파는 곳에서 새우튀김이랑 떡볶이를 까만 봉지 한가득 사주시더니 "집에 가져가서 먹어라." 하고는 가셨다. 그리고 그날 밤에 문자가 왔다.

"인간적으로 너 좋아한다. 형이 부족한데 잘 따라줘서 고맙다. 다음에 더 맛있는 것 사줄게. 위대한 배우가 되라."

다 기억나지 않지만 대략 이런 내용이었다.

선생님의 아버지가 훌륭한 분이라는 이야기는 종종 들었다. 80년대 유명한 드라마였던 〈수사 반장〉의 대본을 쓰신 분이라고 했는데, 〈한지붕 세가족〉 대본을 쓰신 분이기도 했다. 대학원을 가야겠다고 마음을 정하고 연극사에 대해 공부하면서, 나를 지극히 이뻐해주신 연출가 선생님의 아버지가 한국 연극계에서 이름을 빼놓을 수 없는 거목과 같은 분이라는 것을 알고 소스라치게 놀랐다.

우왕좌왕하던 내게 큰 힘이 되어주셨던 선생님은, 그러나 얼마 지나지 않아 갑작스레 세상을 떠나셨다. 심장마비라고 들었다. 그분의 부고 소식을 듣고 오랫동안 배우로서의 꿈을 잃어버리고 살았다. 더 이상 연기를 할 수 없을지도 모른다는 생각에 마음이 아팠지만 내게는 아내가 생겼고, 사업은 실패했다. 지금 돌이켜보면 별 볼일 없는 시도였고 별 볼일 없는 고생이었지만 당시에는 너무 힘들어서 매일 눈물을 흘렸다.

여러 차례 실패와 고생을 거듭하면서 정확한 꿈과 목표가 분리되기 시작했고, 어떤 선택을 해야 가장 올바른 선택을 하는 것인가에 대해 기준이 생기기 시작했다. 다른 사람이 나를 보는 관점에서 삶의 기준을 바라봐야 하는 것이 아니라, 내가 먼저 나의 꿈과 목표에 근접해 있어야 실패하든 성공하든 결과에 상관없이 순응할 수 있는 것이었다. 남들이 아무리 좋은 길이라고 괜찮은 길이라고 해도, 내가 이해하지 못하고 마음에서 받아들여지지 않는데 노력하고 시도해봤자 결국은 후회와 아쉬움밖에 남지 않는 것일 테니 말이다. 다시 연극을 해보리라 마음먹었고, 대학원을 준비했다.

대학원을 가고 싶다는 마음의 저변에는 유언과도 같은 연출가 선생님의 조언과 더불어 최선을 다해서 살지 않았던 10대 때의 후회가 마음 깊이 남아 있었기 때문이었다. 10대 때 나는 최선을 다해 공부하지 않았다. 정신을 차리고 보니 고등학교 1학년이 되어 있었고, 1장에서 이야기했던 것처럼 나름대로 최선을 다했지만 방법을 몰랐다. 목적 없이 앞만 보고 달린 결과는 참패였고 겨우겨우 턱걸이로 집 근처 지방대학에 들어갔다. 그래도 4년제 국립대학은 나쁘지 않은 선택이었고 학비도 저렴했다. 좋은 친구들이 많았고 국립대라는 이점을 많이 누릴 수 있었다.

하지만 시간이 지나도 부끄러운 것은 10대 때 온 마음을 다해서 공부하지 못한 것, 마음 깊이 각인되어 있는 꿈을 향해서 혼신의 힘과 최선을 다하지 못한 것이었다. 시간을 헛되이 보낸 것이 두고두고 후회가 되었다. 대단한 꿈이 있어서 거기에 적을 두고 달려 나갈 만한 것도 없었고, 너도 사니 나도 산다는 꼴이었다.

그런 판국에 우연찮게 연극배우로 활동을 하게 되었고, 이게 어쩌면 천직인지도 모르겠다는 생각이 들었던 거였다. 그리고 그런 꿈에 대해서 더 깊이 있게 배울 수 있는 기회가 있을지도 모른다는 사실에 놀라움을 금치 못했다. 그 기회가 '대입 수능에서 전국 1%'와 같은 굉장히 크고 어려운 목표가 아니라, 그저 열심히 공부해서 대학을 졸업한 뒤에 '대학원 진학'만 하면 어느 정도 이루어진다는 것이 놀라울 따름이었다.

대학원은 그런 내 마음에 기폭제가 되어 준 셈이었다. 대학원이라는 것, 그 자체가 가진 의미는 매우 컸다. 어쩌면 제대로 된 마음의 방향을 잡지 못했다는 핑계로 최선을 다하지 못한 10대 때의 방황, 그것을 만회할 수 있을지도 모른다는, 복잡해보이면서도 나름대로 굉장히 고무적인 목표가 되었기 때문에 대학원이 가진 의미가 굉장히 크게 다가왔다. 무엇보다 세상을 떠난 연출가 선생님의 유언처럼 느껴졌던 대학원이었기에 더 크게 다가왔던 것 같다. 목표는 한예종(한국예술종합학교) 연극원 전문사 과정이었다.

조건은 있었다. 한예종 연극원 전문사 같은 경우는 대학졸업장과 어느 정도의 성적관리도 필요하고, 외국원서를 번역할 수 있을 정도의 영어 실력, 연기, 면접과 경력이 필요했다. 합격한다고 하더라도 2세 계획도 해야 하고 바로 서울에 자리를 잡을 만큼 여건이 충분하지도 않았다. 사업을 확장하거나 옮기는 것도 무리가 있었다. 하지만 그건 차후 문제였고 일단은 도전과 합격이 우선 과제였다. 다른 대학도 비슷하겠지만 그리 어려운 조건은 아니었고, 충분히 준비할 수 있는 부분이었다.

대학원 진학에 앞서 여러 가지 준비과정이 필요했고, 주말을 이용해서 연기를 다시 배우기 시작했다. 평일에는 퇴근하고 난 뒤에 영어 공부와 연기이론을 공부했다. 주어진 시간은 3개월, 밤낮이 따로 없는 사투였다. 몇 년 만에 다시 연기를 배웠다.

연기 시험과 워크숍은 만족스러웠다. 영어시험도 그럭저럭 괜찮았다. 결과적으로 면접에서 좋은 성적을 내지 못했다. 자만한 탓이었다. 살면서 가장 인상 깊게 본 작품은 〈12 angry men[12인의 성난 사람들]〉과 〈오이디푸스 왕〉, 〈고도를 기다리며〉였다. 〈12인의 성난 사람들〉 작품 속에는 고의로 사람을 죽인 10대 소년의 판결을 담당한 12인의 배심원들이 있었다. 강하게 유죄를 주장하는 11명의 사람들과 무죄를 주장하는 1명의 사람들의 이야기로만 이 작품의 스토리가 진행된다. 무죄를 주장하는 1명에 의해 심리적으로 변화되어가는 11명의 이야기를 다룬 이 작품은, 50년 전에 나온 흑백 영화임에도 불구하고 인간 심리의 본질을 굉장히 심오하게 꿰뚫는 힘이 있는 위대한 작품이었고 연극으로도 상연되었다. 자신에게 주어진 운명의 굴레를 벗어던지기 위해 스스로 자신의 눈을 파내어 운명을 거스르는 오이디푸스 왕의 비극, 고도가 언제 올 지 알 수 없지만 희망의 끝을 놓지 않는 두 얼간이들의 이야기는 꽤 어렵고 한편으로 단순하고 지루하게 느껴졌지만 반복해서 읽으면 읽을수록 큰 여운을 남기는 세계적인 작품이었다. 세 작품 모두 대단하다, 혹은 웅장하다라는 표현 말고는 달리 표현할 단어가 없는 위대한 작품들이었다.

하지만 '살면서 접해본 작품 중에 무슨 작품이 가장 인상적이었는가' 하는 면접관의 질문에 나도 모르게 엉뚱한 코믹 뮤지컬 제목을 대답하고 말았다. 10년도 전에 보다가 썩 흥미가 없어서 졸면서 봤던 그 뮤지컬을, 숭고나 웅장이라는 단어와 전혀 상관없는 코믹하면서 다소 유치하기까지 한 그 뮤지컬을, 나는 가장 인상적인 공연이라고 말하고는 속으로 아차 하며 수백, 수천 번 한숨을 쉬어야 했다.

뒤꿈치로 발을 디딜 때마다 작은 나무토막이 조금씩 벌어지는 듯한 소리가 홀 안을 크게 울리던 한국예술종합학교 연극원 연습실의 면접 분위기는 엄숙하다고 느껴질 정도로 조용했다. 연극원 전문사 수험생의 면접을 담당한 5명의 면접관은 모두 한국에서 내로라하는 연극계의 구루들이었다. 대학 때의 학점관리, 영어시험, 연기경력, 어느 것 하나 중요하지 않은 게 없겠지만 그게 전부는 아니었다. 우리는 배우를 꿈꾸는 사람들이었다. 수험생과 깊은 대화를 나눠보지 않아도, '수험번호 000번입니다.'라고 말하는 순간의 목소리의 톤, 발성, 호흡, 그리고 '연기 시작하겠습니다.'라고 말하는 그 순간의 눈빛과 발음의 정확성만으로도 그들은 '프로인지 아닌지' 알 수 있는, 연기에 있어서는 굉장한 통찰력을 가진 사람들이었다.

침묵만이 흐르는 연습실 안은 오직 '자유로운 영혼을 가진 사람들만의 공간'이었지만 그분들의 눈빛은 너무 강렬해서, 대인공포증이라고는 별로 느끼지 못하는 나를 압도시켜 버렸다. 따뜻한 미소로 웃으며 질문하시는 그분들이 사실은 내 마음 깊은 곳까지 꿰뚫어보고 있을지 모른다는 느낌과, 떨어지면 안 된다는 불안감 때문에 면접관들 앞에서 나는 솔직하고 편안하게 이야기하기는커녕 '예, 예'만 반복하다가 면접을 마치고 말았다. 1년을 더 기다려야 했다.

그런데 그때 나는 귀한 경험을 하나 할 수 있었다. 최종면접을 보기 전 지원자들과 마지막 즉흥연기 연습을 할 수 있는 기회가 있었다. 각자 다른 무대에서, 다른 공연을 해온 사람들이었기에 동질감을 느끼면서도 경쟁자였던 우리는, 다른 한편으론 '대학원 동기'가 될지도 모를 사람들이었다. 워크숍을 통해 몇몇 사람들과는 안면을 익히고 인사도 나누었지만, 무거운 기류가 흐르고 있었다. 10명을 제외한 수백 명의 지원자들은 모두 1년을 더 기다려야 했다.

지금 바로 연예계에 진출해도 되겠다 싶을 정도로 뛰어난 외모를 가진 사람들이 여럿 보였다. 그중에 키가 크고 이목구비가 뚜렷한 남자가 한 명 있었다. 'ㅇㅇ대학교 연극영화과'라고 쓰인 잠바를 입은 그 사람은 나와 눈이 자주 마주쳤다. 우리는 경쟁자였고, 한마디도 말을 나누지 않았다.

내 순서가 되었다. 내 앞의 지원자가 면접이 진행되는 연습실로 들어갔다.

'이 사람이 나오면 내가 들어간다.'

떨리는 마음으로 순서를 기다리고 있는데, 긴장해서였는지 갑자기 입이 바작바작 마르기 시작했고 목소리가 나오지 않았다. 몇 차례 마른기침이 나왔다. 이대로 들어가면 연기는커녕 면접 때 목소리나 제대로 나올 지 의문이었다. 그때 그 사람이 들고 있던 물병을 내게 주었다.

"물을 조금 드시면 괜찮아지실 거예요. 긴장하지 마세요. 잘하실 거예요."

나는 그 사람이 건네주는 물로 한 모금 목을 축이고, 목례를 한 뒤, 면접을 보러 연습실로 들어갔다. 내가 했던 즉흥연기는 '물고기 남자'라는 제목의 연극 중에 일부분이었다. 삶의 의지를 잃고 욕조 안에서 죽음을 맞이하려는 어떤 사람을 위해 마지막 물 한통을 들어주는 남자, 그리고 욕조의 문을 닫고 들어간 사람을 위해 울어주는 남자의 모습이었다. 면접은 무사히 끝이 났고, 나는 불합격했다.

결과는 실패로 끝났지만, 두 사람이 내게 남긴 말들은 종종 귓가를 울리며 나를 채찍질하는 기억이 되어 있다.

"인간적으로 너 좋아한다. 위대한 배우가 되라."

"긴장하지 마세요. 잘하실 거예요."

가끔 그때를 생각하면, 나는 목을 축이기 위해 내게 물통을 건네준 그 사람과, 이미 세상을 떠난 연출가 선생님에게 마음의 빚을 지는 건 아닌가 생각해보곤 한다. 그 마음의 빛은 내 마음에 새겨진 한의 재료가 되어 다시 한 번 목표를 향해 재도약할 수 있는 힘을 실어주곤 했다. 완벽한 소리를 만들기 위해 잠든 자식의 눈을 멀게 했던 서편제 속의 아버지처럼, 마음에 깊이 새겨지는 인생의 한은 어떤 한 경험에 의해서 크게 좌지우지되는 것은 아닐까 생각해본다. 두 사람이 내게 남긴 몇 마디 말들은 늦었다면 늦은 나이임에도 불구하고 새로운 도전을 할 수 있도록 만들었고, 시도할 수 있는 마음을 만들어주었다.

각자의 삶에 녹아있는 마음의 한이 무엇인지는 별로 중요하지 않은 듯싶다. 다만 마음의 한을 통해서 만들어지는 마음의 깊이는 다양하다. 남편을 잃은 여자의 마음에서 만들어지는 한, 가족을 잃은 아버지의 마음에서 만들어지는 한은 슬픔의 깊이를 더해주지만 꿈을 향한 깊은 마음의 한이나 소망을 향한 마음의 한은 기쁨과 소망의 깊이를 마음에 더해준다. 어떤 마음의 한을 가지고 있느냐에 따라 그 사람의 인생과 삶의 모습이 달라지는 것을 우리는 자주 본다. 세계적으로 성공한 사람들, 혹은 성공적인 인생을 살았던 사람들은 모두 마음에 한이 있었다. 그 한의 모습이 기쁨의 한이었는지, 소망의 한이었는지에 따라서 삶의 굴곡이 다소 차이가 있을 뿐이다. 나는 세상을 모두 품고 싶은 행복의 한을 가진 사람을 만난 적이 있다. 크고 깊은 소망을 가진 모습을 보면서 내 모습을 돌아보곤 했다. 나는 어떤 기쁨의 한을 품고 살아가는지, 어떤 소망과 행복의 한을 품고 살아가는지 한번쯤 돌이켜보는 시간을 가져보는 것은 어떨까.

마음의 힘을 기른다는 것

수년전 막노동을 하던 때 이야기다. 함께 막노동을 하던 경호 형님은 나이가 쉰이 훨씬 넘으셨음에도 불구하고 "나이 차이도 얼마 안나는데 형님이라고 불러라" 하고 이야기하셨다.

원룸을 돌아다니며 계단청소를 하는 경호 형님은 비쩍 마르고 머리가 덥수룩한 아저씨였다. 높낮이가 없는 어색한 웃음소리, 어눌한 말투, 흐릿한 눈빛은 경호 형님의 특징이었고 누가 봐도 약간 모자란 사람이었다. 하지만 가끔 이야기를 나누다 보면 내 마음을 훤히 꿰뚫는 듯한 눈빛으로 쳐다볼 때가 있었다. 그럴 때는 오랫동안 눈을 바라보며 이야기하기가 괜히 부담스럽다는 느낌도 받았다.

형님과 만났을 때 나누는 대화의 시작은 대개 이런 식이었다.

"준우야, 잘 있었나?"

"예, 잘 있었습니다."

"나도 잘 있었다."

"예, 감사합니다."

"나도 감사하다."

그리고는 별다른 대화가 진전되지 않았다.

경호 형님이 자주 내게 이야기하는 것이 있었는데, 친구들 중에 그렇게 대단한 사람들이 많이 있다는 것이었다.

"준우야, 니 ㅇㅇ그룹 알제?"

"예, 압니다."

"거기 상무가 내 친구다."

"대단하시네요. 다른 친구 없으세요?"

"있지. ㅇㅇ한의원 알제?"

"예, 압니다. 유명하잖아요."

"거기 대표가 내 친구다."

처음에는 그러려니 하고 듣던 말들이 나중에는 귀찮고, 말도 안 되는 허황된 소리로만 들려서 조금 짜증스러워졌다. 대단한 사람들을 많이 알고 있다던 경호 형님은, 그러나 지나가는 사람들이 봤을 때 그저 형광색 조끼를 입고 쓰레기를 주워 담는 막노동자일 뿐이었다. 그렇게 대단한 사람들을 알고 있다는 사람이 이게 뭔가, 나중에는 형님을 놀리기 시작했다.

"준우야, 시내 ㅇㅇ에 가면 ㅇㅇ변호사 사무실이 있는데, 거기 대표변호사가 내 친구다."

"그럼 지금 한 번 전화해서 안부 좀 물어보시지요. 제 소개도 좀 해주시구요."

"안 된다, 친구들 바쁘다."

"그럼 뻥이네요. 바쁘다고 친구 전화도 안 받는 사람들이랑 왜 친구를 하세요?"

"바쁘면 그럴 수도 있지."

"에이, 뻥이네."

"아니다, 진짜다."

어눌한 말투, 기계처럼 이야기하는 경호 형님의 이야기를 듣고 있노라면 나까지 머리가 이상해질 것만 같았다.

"형님, 빨리 다음코스로 가야 돼요."

"알았다, 잠깐만 기다려봐라."

"아니, 알았다 말만 하지 마시고 좀 빨리 끝내고 가시자고요."

"알았다, 잠깐만 기다려봐라."

입사를 위해 이력서를 내놓고 결과를 기다리기 전, 용돈이나 벌어볼까 싶어 두어 달 정도 다니던 막노동일이 생각보다 힘들지는 않았다. 한편으로는 쉽고 재밌기까지 했다. 검소하게 생활했던 대안학교 교사생활의 습관이 남아 있어서 며칠 지나지 않아 100만 원이 모였다. 대단한 걸 한 건 아니었지만 그렇게 모은 돈으로 작은 사치를 누렸다. 작은 재미를 느꼈다.

하지만 가장 재밌는 일은 경호 형님과의 시간이었다. 경호 형님이랑 노는 일은 아주 재미있었다. 뜨거운 햇볕이 내리쬐는 더운 여름날,

내가 툭툭 던지는 별것도 아닌 농담에 크림빵이 든 입을 벌리고 크게 웃던 경호형님의 미소를 보는 재미는 제법 쏠쏠했다. 경호 형님은 아주 꼼꼼하게 일을 처리하는 습관이 있었다. 청소를 할 때 대충 하는 법이 없었다. 재활용 망에 재활용 쓰레기를 넣고 묶는데도 아주 꼼꼼하게 묶었고 심지어 쓰레기봉투를 묶는 끈이 손톱밖에 남아있지 않을 정도로 끊어져 있음에도 세밀하게 리본까지 묶어서 내다놓았다.

그런 일들 때문이었는지는 몰라도 경호 형님이랑 사사건건 부딪히는 일이 많아지기 시작했다. 하던 일을 빨리 끝내고 다음 일을 처리해야 하는데 경호 형님은 어느 것 하나 쉽게 넘어가지 않았다. 왼발이 나갈 때 왼손이 같이 나가고, 오른발이 나갈 때 오른손이 같이 나가는 걸음걸이도 짜증이 났고, 나중에는 그분이 하는 일이라고는 어느 것 하나도 내 마음에 들지 않았다.

결혼을 앞두고 있던 2013년, 빨리 제대로 된 직장을 잡아야 된다는 강박관념과 더불어 나는 조금씩 지쳐 있었고 하루하루 어떻게 살아가는지 모를 정도로 절박하게 생활했다. 한편으로는 재밌기도 했지만 언제까지나 노가다나 하고 있을 수는 없었다. 그때 나는 회사 입사를 준비하기 위해 영어공부를 하고 있었는데, 아침에 눈만 뜨면 영어책을 손에 들고 놓지 않았다. 항상 영어책을 들고 다니면서 공부했는데 일단 토익이라도 고득점을 받아놔야 뭔가 될 것만 같은 기분이 들었기 때문이었다. 경호 형님은 늘 영어책을 들고 다니던 내게 이야기했다.

"그렇게 공부해도 점수 안 오른다."

열심히 하라고 격려를 해줘도 모자랄 판국에 장난을 치는 경호 형님의 말이 괜히 거슬려서 나는 물었다.

"그럼 어떻게 공부해야 돼요?"

"공부는 한 번 할 때, 10시간씩 집중해서 해야 된다. 차타고 다니면서 공부가 되나?"

"시간이 없는데 어쩔 수 있습니까? 지금이라도 해야지요."

"뭔 공부하는데?"

"토익이라고, 영어시험이에요."

"아, 토익 그거 뭔지 안다. 그거 공부 안 해도 된다. 그냥 보면 다아는 건데 뭐 하러 공부하노?"

경호 형님의 말에 장난기가 발동한 나는 한 술 더 떠서 질문했다.

"경호 형님, 혹시 영어 좀 할 줄 아세요?"

"내 영어 잘한다. 다 물어봐라, 다 가르쳐줄 꾸마."

나는 토익책의 맨 뒷부분을 펼쳐들고 가장 지문이 긴 한 파트를 경호형님에게 보여주었고, '형님, 제가 이거 잘 모르겠는데 답 좀 알려주세요.' 하고 물었다. 이번에는 어떻게 골탕을 먹여보나, 내심 벼르고 있었다.

"문제가 뭔데? 보자."

2, 3초 정도 정적이 흘렀을까. 내 예상과는 달리 경호 형님은 영어로 된 지문을 빠르고 정확하게 읽어나갔고, 완벽하게 문장을 해석해 나가기 시작했다. 단 한 번의 막힘도 없이 문장을 읽은 경호 형님은

'1번은 과거분사라서 아니고, 2번은 현재완료다. 4번은 미래시제고 답은 3번이다. 이런 걸 문제라고 푸나?' 하고 이야기했다.

학창시절, 그는 전국 상위 0.1%에 안에서도 최상위권에 속하던 인재였다. 가난한 집안 형편 때문에 서울대는 가지 못했고 지방대학을 선택했지만 그마저 탁월한 선택이었다.

"서울대 안 가고 왜 여기 지원했니?"

"서울대는 전체 수석이 안 될 것 같아서요."

20살 청년의 패기 넘치는 대답은 거만했지만 성적표를 보면 그럴 수밖에 없었다. 교수들조차 고개를 끄덕거렸다. 울산 학성고를 수석으로 졸업하고 부산대학교에 전체수석으로 입학한 그는, 경제학과에 다니는 4년 동안 단 한 번도 돈을 내지 않고 장학금을 받고 다니면서 역시 수석으로 졸업했다. 당시 국내최고의 직장이었던 한 대기업에서 초고속 승진을 거듭하던 그는 입사한 지 얼마 되지 않아 비서실로 발령 받았고, 본사 비서실에서 근무하기에 이르렀다.

무서운 고공행진이었다. 그의 성공은 또래 친구들과 비교할 수 없을 정도로 가파르게 상승했고 연봉도 두 배가 넘게 차이 났다. 그에게는 무서울 게 없는 시절이었다. 하지만 젊고 똑똑했던 그는 사람의 인생에 슬픔과 절망도 함께 있다는 것을 알지 못했다.

결혼하기로 약속한 여자와의 약혼식이 얼마 남지 않은, 무더위가 극성을 부리던 어느 여름날이었다. 29살의 그는 헬멧을 쓰지 않은 채 오토바이를 타다가 유턴하는 차량을 미처 발견하지 못하고 그대로 충돌했다. 사고의 충격으로 정신을 잃은 채 17미터를 날아갔고, 급히 응급실로 실려갔지만 가망이 없었다. 그의 상태를 본 의사조차도 고개를 절레절레 흔들었다. '산다는 게 기적'이라는 의사의 말과는 달리 가족의 지극한 병간호와 부모님의 눈물어린 기도로 겨우 목숨을 건졌지만, 손가락 하나 움직일 수 없는 식물인간이 되었다. 19년 동안 단 한 번도 일어서지도, 말조차도 할 수 없었다.

"나중에 회사에서 사장님이 와서 내를 붙잡고 '경호야, 경호야! 니 왜 이레 됐노 경호야!' 하고 울드라. 어떤 직원은 와서 나를 안고 '형님, 일어나세요 형님!' 하고 울기도 했다. 그때 말은 못했는데 기억은 다 난다."

말투가 어눌해서 간간이 귀를 기울여야 무슨 말을 하는지 이해할 수 있었던, 그분이 내게 해주신 말씀은 오랜 시간이 지나도 잊혀지지 않는 말이 되어 가슴에 남았다.

하늘의 도움인지 강한 정신력 덕분인지는 모르지만, 19년 만에 살아야겠다는 일념 하나로 일어난 그는 건물 계단청소와 폐기물 처리하는 일을 시작했다. 젊은 시절 배웠던 학업의 기초가 남아 있어서 그런지 내가 묻는 말에 단 한 번도 말문이 막히지 않았던 그였지만, 세월은 그를 가만히 내버려두지 않았다. 전국을 통틀어 상위 0.1%에 손꼽히는 두뇌를 가진 인재였던 그의 나이는 어느덧 예순을 바라보고 있다.

경호 형님은 한 번씩 내게 공부에 대해서 이야기해주었다.

"학교 다닐 때 아침에 6시에 일어나면 밤 10시까지 공부했다. 하루에 15시간씩 공부했다. 나중에는 엉덩이에 진물도 나고, 방석도 닳고, 바지도 닳고 그랬다. 공부는 할라면 그레 해야 된다. 영어책 같은 거 들고 차타고 다니면서 공부해야 될 게 아니고 3개월 죽었다 생각하고 하루 15시간씩 하면 된다. 니 내한테 공부 배우면 1년이면 서울대 갈 수 있다. 내가 갈켜줄게."

그리고 형님은, 가끔 내게 목청을 높여 이야기했다.

"절대로 니가 세상물정 다 안다고 생각하지 마라. 세상에 똑똑한 놈들 천지 빼까리다. 잘난 놈들도 천지 빼까리다. 절대 잘난 체하지 마라. 공부 잘해가 뭐 할라고? 그거 아무 소용없다. 사람이 겸손해야 된다. 그럼 성공한다."

성공학의 대가이자 세계최고의 동기부여 강연가였던 나폴레온 힐은 '신, 혹은 영적인 존재의 힘이 모든 물체의 원자에까지 골고루 영향을 미칠 뿐만 아니라 우리를 둘러싼 모든 작용을 관장한다고 믿는다. 이 무한한 지성이 도토리 열매를 아름드리 상수리나무로 키우고, 물을 높은 곳에서 낮은 지대로 흐르게 하고, 밤이 지나면 낮이 오게 하고, 겨울이 가면 봄이 오게 하는 등 모든 것을 질서정연하게 유지시킨다고 믿는다'라고 이야기했다.

세상에는 뛰어난 업적과 경이로운 능력으로 세상을 뒤바꿀 만한 역사적인 일을 이루어낸 인물들이 많다. 그리고 그들에게는 인생을 인도해주는 위대한 멘토들이 있었다. 나는 운명론자도 아니고 그들처럼 뛰어난 업적을 이룬 사람도 아니다. 하지만 내 마음을 이끌어주고 미래를 인도해줄 수 있는 분들이 내 주변에 많이 있다는 것을 생각할 때 지금보다 더 많은 성장과 발전을 이룰 수 있다는 것을 믿는다. 나를 성장시킬 수 있는 멘토를 마음에 세우는 것은 항상 옳은 결정을 내릴 수 있는 좋은 기회다.

나를 성장시킬 수 있는 멘토를 주변에 세우는 것은 끊임없는 노력, 인내, 부단한 수고로움까지 감수해낼 수 있는 용기만큼 중요한 부분을 차지한다. 인간이라는 존재는 스스로를 돌아볼 수 없는 존재다. 그래서 내 마음을 깊이 있게 이끌어주면서 때로는 강한 질책도 하고 어루만져주기도 하면서 겸손도 알게 하고, 상대방을 배려할 수 있는 마음도 배울 수 있게 이끌어주는 멘토를 만들어두는 것은 무척이나 중요한 문제다. 멘토가 항상 선생님이나 아버지가 될 필요는 없다. 나의 가장 연약한 부분, 가장 부족한 부분을 채워줄 수 있고 이끌어줄 수 있는 사람이라면 나이가 어린들 무슨 문제가 되겠는가? 역사 속 위대한 인물들에게는 항상 그들의 마음을 인도해주는 사람들이 있었다. 자기 자신을 냉정하게 돌아볼 수 있도록 인도하는 존재가 곁에 있는 사람과 그렇지 않은 사람의 인생은 여러 부분에서 차이가 난다.

통합교과과정으로 교육개정이 바뀌고 인문고전 독서, 창의력 향상에 바탕을 둔 교육 시스템이 시작된다고 아무리 떠들고 이야기해도 결국 가장 중요한 것은 '인간의 마음을 다스리는 방법을 아는 것'이 가장 중요한 기술이 될 것이다. 교육의 힘, 그 바탕은 기본적으로 지식의 교육을 의미하는 게 아니라 마음의 교육을 의미한다. 마음을 먼저 교육시키는 것이 우선이다. 수천 년 전에 이 땅에 살던 사람들이 누리던 사회적 배경과 2019년을 살아가는 우리들이 누리는 사회적, 문화적 배경은 전혀 다르지만 그들도 우리도 인간이었다는 점에서는 다를 바가 없다. 마음이 건강하고, 깊고, 넓은 사람들이 남긴 문화적 유산들은 당시에는 인정받지 못했을지라도 오랜 시간이 지난 지금에 와서 그 자체로 고전이라고 불리고 있으며, 문화재라고 불리고 있다. 마음이 깊은 사람들이 만들어둔 세계는 결코 변하지 않는 본질이다.

수능에서 만점을 받은 학생에게 꿈이 무엇이냐고 물어봤더니 이렇게 이야기했다고 한다.

"성형외과 의사요. 돈을 잘 버니까요."

의대에 다니는 모든 학생과 이 땅에 존재하는 모든 의사들이 모두 슈바이처가 될 필요가 있을까. 선택은 나의 몫이고 그에 따른 책임도 내 몫이다. 다른 사람의 선택권과 자유를 누가 탓할 수 있을까마는, 한편으로 더 넓은 세상을 보지 못하고 당장의 현실에 안주하고자 하는 마음에 대한 안타까움도 함께 느껴지는 것은 나뿐인 걸까.

일류대학을 졸업하고 대기업에 입사해서 별다른 어려움 없이 승진에 승진을 거듭하는 사람들은, 대부분의 사람들이 주어진 환경에서 최선을 다하지 않고 탱자탱자 놀던 시기에 최선을 다한 사람들이었고 그에 응당한 마땅한 대우를 받아야 한다. 그들의 수고와 노력에 대한 당연한 대가를 받는 것이다. 하지만 인생의 행복과 연결 지었을 때 이야기는 달라질 수 있다. 노력의 대가, 수고의 대가가 대기업 입사였지만, 그것만으로 인생의 참된 행복이 될 수 없다면 마음을 풍요롭게 해줄 다양한 경험들을 해보아야 할 것이다.

　사회적으로 성공하거나, 돈을 많이 벌거나, 좋은 회사에 다니는 것. 참 멋진 일이고 다행스러운 일이다. 의미 없이 보낸 시간들이 아니라 촘촘하게 채워진 시간을 보낸 것에 대한 인정을 받는 것이기 때문이다. 그렇다고 그 자체가 성공적인 인생이고 괜찮은 삶이라고 말할 수는 없을 것이다. 행복의 기준이 될 수는 없다는 사실을 알고 있다면, 지금 당장 좋은 성적을 내는 것이나 좋은 대학교에 가는 것에 급급해야 할 것이 아니라 마음의 길을 바르게 내는 것이 더 중요하다는 것을 알게 될 것이다. 마음이 강한 사람, 마음이 깊은 사람이 모든 사람들을 이끌어가게 되어 있다. 교육의 힘은, 마음을 교육하는 것에서 시작된다.

행복은 성적순이
아니잖아요

    교육계에서 일을 하다 보면 학생들에게 자주 듣는 말이 있다. 이 말은 내가 학생일 때도 자주 입에 달고 달았던 소리였고, 지금 학창 시절을 보내고 있는 아이들의 입에서도 회자되는 말이다.

    "아, 또 공부하래. 행복은 성적순이 아니라면서요. 공부 좀 안하면 안 돼요? 아, 짜증나."

    오래전에 나온 말인데 어디서 배웠는지 신기할 따름이다.

    1989년 개봉한 영화 〈행복은 성적순이 아니잖아요〉는 실제로 공부 스트레스에 시달리다 유서를 남기고 자살한 어느 학생의 유서 내용의 말미에 남긴 문장을 그대로 영화 제목으로 사용한 케이스다. 개봉 당시 서울에서만 15만 명이 관람했는데 성적순으로 인생의 성공 여부가 좌지우지되는 실태에 대한 고발을 적절히 다루었다는 점에서 좋은 평가를 받았다. 당시 영화 속 주인공 역을 맡았던 학생들의 나이는 17세 전후였는데, 30년이 지난 지금 그들과 비슷한 연배였을 그 당시 학생들은 2019년 현재 40대 중후반 부모님들이 되었다. 행복은 성적순이 아니라고 외치던 그때 그분들은 30년이 지난 지금 그때의 부모님들과 비슷한, 어쩌면 별반 달라진 게 없이 더 치열하고 경쟁적인 구도로 가득한 사교육 현장 속으로 다시 아이들을 보내야 하는 지금의 부모님들이 되었다. 아이러니한 상황이다.

공부가 싫다고 외치고, 성적은 행복순이 아닌데 왜 자꾸 성적만을 이야기하느냐고 주장하던 그때 그분들이 똑같은 악순환을 되풀이하는가에 대한 생각은 나 혼자서 해본 생각은 아닐 것이다. 아마 대부분의 부모님들도 이런 생각들을 해봤을 것이다. 대학을 가고, 졸업을 하고 나니 취업은 해야겠고, 사회생활을 하다 보니 돈 벌기는 어렵고 힘든데 좋은 대학 나와서 번듯하게 좋은 직장을 다니거나 괜찮은 사업을 성공적으로 해나가는 사람들을 보니 내 자식은 나처럼 살지 않았으면 하는 고민을 하다 보니 '조금이라도 어릴 때 영어를⋯⋯ 조금이라도 어릴 때 수학을⋯⋯' 하면서 조기교육을 권하지 않았을까 하는 생각이 든다.

조기교육이 나쁘다는 말은 아니다. 나도 조기교육은 굉장히 중요하다고 생각하는 입장이고, 조기교육을 반드시 시켜야 한다고 생각한다. 그러면서 약간의 의문이 들었던 적이 있었다. 작년 가을쯤으로 기억하는데 아내에게 이런 질문을 했다.

"애가 유치원에 들어가기 전에 어떤 공부를 시키고 싶어?"

"수학이랑 국어는 꼭 시켜야 될 거 같아. 사고력이랑 독해력은 정말 중요하니까."

같이 사교육기관에서 근무하다 보니 조기교육의 중요성에 대해 인식하면서 살고 있다. 갓 4살이 된 아이들이 한글놀이를 하는 것도 그렇고 그때부터 수학을 시작하기도 했다. 일찍부터 공부를 시작하는 아이들을 보면서 '아내가 저런 말을 하는 것도 정말 일리가 있겠구나' 싶은 생각이 들었다. 그러면서도 약간은 다른 생각이 내게 있었는데, 내가 상대하는 학부모님들의 교육에 대한 생각과 내가 생각하는 교육이 다르다는 것이었다.

나는 조기교육이 매우 중요하다고 생각하는 사람이지만, 흔히 이야기하는 일반적인 형식의 조기교육은 지양하는 입장이다. 특히 수십만 원의 학원비를 받고 영어로만 수업을 진행하는 영어유치원이라든가 수십만 원에 육박하는 영어학원, 다수의 아이들을 앉혀놓고 수업을 진행하는 그런 사교육기관에 내 아이들을 보낼 생각은 전혀 없고 원하지도 않는다. 다양한 교육기관에서 근무해본 나로서는 교사가 아이들을 대하는 자세에 따라 아이들이 학습에 굉장히 크게 영향을 받는 모습을 많이 봐왔고, 실제로 실력이나 인성적인 부분에서 취약한 교사들이 아이들을 함부로 대하는 바람에 책을 펴놓고 공부하는 것 자체에 마음을 닫는 경우도 자주 봤기 때문에 그런 사교육기관에 아이들의 가장 중요한 시기를 믿고 맡길 생각이 전혀 없다.

내가 생각하는 가장 이상적인 교육은 부모가 먼저 교육자가 되어서 우선적으로 아이들에게 고전문학과 신학을 바탕으로 한 독서와 토론으로 인성을 잡아주면서 체계적으로 수학과 과학 같은 논리적 사고가 필요한 교육을 접목시키면서 필요에 따라 추가적으로 멘토를 두어야 한다는 주의다. 물론 경제활동이라는 게 있고 교육이란 게 말처럼 쉬운 것도 아니니 함부로 가타부타 말할 수 있는 게 아니지만, 가끔 자녀의 꿈이 무엇인가 물어봤을 때 '꿈은 뭐, 공부나 열심히 하면 되죠.' 하고 대답하곤 하는 부모님들을 보면서 내가 생각하는 교육방식과 다르게 생각하는 분들도 제법 많다는 것을 알게 되었다.

이는 교육에 대한 관점뿐만 아니라 행복에 대한 관점도 마찬가지라고 할 수 있다. 아이들이 생각하는 행복이랑 어른의 기준에서 바라보는 행복의 기준도 다를 수 있겠다는 생각을 하게 되었던 것도 조기교육에 대한 생각을 하다 보니 진행되었던 부분이다.

행복은 성적순이 아니라는 말에 대부분의 사람들은 전적으로 공감할 것이다. 학창시절에 공부를 잘하고 좋은 대학을 나와서 반드시 성공하고 행복한 인생을 살 수 있을 거라면 좋든 싫든 그렇게 하겠는데 그렇지 않은 모습들을 얼마나 많이 봐왔는가? 그럼 이제는 행복이란 무엇인지에 대해 고민해봐야 할 차례다. 10대들이 생각하는 행복, 그리고 어른(정신연령만 두고 봤을 때 3, 40대가 되어도 10대들과 수준이 비슷하거나 도리어 더 어린 사람도 많다. 여기에서는 일반적으로 대학을 졸업하거나 그와 비슷한 나이 또래의 사람이 사회생활을 시작하는 나이부터 어른이라고 가정하자.)들이 생각하는 행복의 기준은 다를 수도 있다는 것이다.

10대들, 혹은 경제활동을 아직 경험해보지 못한 학생들이 생각하는 행복의 기준은 저마다 다르겠지만 다양하게 해석될 수 있다. 흔히 행복의 기준으로 삼는 심적으로 편안하고 안정된 상태뿐만 아니라 사회적으로 안정된 위치에 오를 수 있는 능력이 있어서 미래가 기대될 수 있는 어떤 것, 더 쉽게 접근하자면 나중에 잘 먹고 잘 살 수 있는 방법, 지금까지 봐온 부모님의 인생처럼 평범하게 삶아가는 삶 등 어쩌면 엄청 단순하면서도 평범한 현실을 이야기하는 것일 수도 있다. 그러니까 '행복은 성적순이 아니잖아요.'의 말 속에 담긴 말은 '어차피 살길은 다 있을 건데 꼭 매일 이렇게 죽어라 공부해야 되나요? 꼭 1등하고 좋은 대학 가야만 즐겁고 행복하게 살 수 있는 건가요?'가 될 것이다.

　　반면에 부모님이나 교사들이 생각하는 행복의 기준은 다를 수 있다. 먼저 걸어본 분들이기도 하거니와, 막상 나이가 들어보니 여러 가지로 보이는 것들이 많기 때문이다. 아마 대부분의 교육자들과 부모님들의 마음은 비슷할 것이다. 꼭 사회적으로 성공해서 떵떵거리며 살 수 있도록 하기 위해서 공부를 시킨다기보다는 사회적으로 별다른 문제없이 융화될 수 있는 성숙한 사람으로 자라나기를 바라는 마음에서 다양한 방법으로 조기교육을 시행해보는 것이 아닐까. 조급함은 추가로 포함되는 것이다. 괜히 내 아이가 뒤처지지 않을까, 누구는 100점 맞았다던데 우리 아이는 이래서 될까, 누구는 벌써 영어로 대화도 한다던데 이렇게 해서 될까, 어디 영어학원이 좋고 어디가 공부를 잘 가르친다던데, 하는 수많은 유혹들 속에서 더 좋은 선택을 하려고 찾고 노력하다 보니 다소 충돌이 발생하는 것인지도 모른다. 귀한 아들딸이 잘되기를 바라는 부모님의 마음이라고 하면 좋을 듯하다.

하지만 조금만 비틀어보면, 먼저 행복의 기준을 어디에 두고 사는지 곰곰이 생각해볼 필요가 있다. 행복하기 위해서 잔소리도 하고 야단도 쳐보고 타일러도 보지만, 도리어 행복의 기준을 어디에 두었는지도 모른 채 살아가는 건 아닌지 말이다. 제자 잘되라고, 아들딸 잘되라고 하는 그 소리가, 나처럼 살지 않았으면 하는 마음에 더 잘 자라주었으면 하는 노파심에 했던 그 소리가 도리어 어긋난 교육방식을 요구하는 건 아니었을까. 행복의 기준이 뭔지 누가 나한테 물어보면 나도 잘 대답할 줄 모르는데 더 나은 삶을 살 수 있기 위해서 지금 열심히 공부하고 최선을 다해야 한다는 밑도 끝도 없는 식의 충고를 던지는 내 모습이 더 큰 반발심을 가져오지 않았을까. 만약 그렇다면 먼저 나를 돌아봐야 할 때다.

어쩌면 지금 내가 살아가는 삶의 모습이 그들의 삶이 모습이 될 수도 있다. 이건 매우 중요한 문제인데 내가 어떤 삶을 살아가느냐에 따라 그들에게 멘토가 될 수도 있고, 혹은 그들의 삶에 아무런 긍정적인 영향력을 끼치지 못하는 사람으로 기억에 남을 수도 있다는 것이다.

로마시대의 정치가이면서 철학자였던 세네카는 그의 제자이자 동료였던 루실리우스에게 자주 편지를 보내곤 했다. 그중 124통의 편지 중에 41번째의 편지에 실려 있는 내용은 아래와 같다. 그의 편지

는 우리에게 진지하게 삶과 행복에 대해 생각해볼 수 있는 기회를 제
공한다.

그런 숭고한 존재는 한낮 비참한 육신과는 다르다고 말해야 하지
않을까? 거기에는 어떠한 신적인 힘이 작용하고 있다. 그러한 완
전하리만치 고상한 정신, 모든 하찮은 것에 초연하고, 우리들이 두
려워하거나 추구하는 것을 보며 미소 짓는, 그런 혼이 살아나게 하
는 것은 어떠한 천상의 힘이다. 그러한 것은 신격의 협조가 없이
는 존재할 수 없다. 그와 같은 혼은 대부분 그것이 본래 나온 지역
들에 속한다. 태양의 광선이 지구에 닿긴 하지만 그것이 나온 원
래의 장소에서만 안락함을 느끼듯이, 우리가 신격에 대해 더 잘
알도록 하기 위해 우리에게 보내진 위대한 성인은 우리와 교류하
긴 하지만 본래는 자신의 원래의 고향에 속해 있다. 그곳에서 그
는 바라보며 정진한다. 그는 고차원적인 존재로서 우리 가운데 소
요하는 것이다.

세계적인 베스트셀러 《타이탄의 도구들》의 저자이자 이 시대 가
장 혁신적인 아이콘이라고 평가받는 팀 페리스는, 그의 저서에서 세
네카의 편지를 통해 큰 깨달음을 얻고 한 번씩 행하는 나름대로의 행
복을 추구하는 방법에 대해서 이야기한 바 있다.
즉석 통조림이나 쌀과 콩만 먹을 것, 3일에서 14일 동안 싸구려 티
셔츠와 청바지 한 벌로 버티기, 인터넷 검색은 도서관에서만 하기 등

의 불편한 삶을 직접적으로 경험해보면서 그는 행복과 경제적 여유의 상관관계에 대해 설명한다.

> 이상한 일이지만, 이토록 단순한 실험을 해보고 나면 전보다 더 행복해진 자신을 발견할 수 있을 것이다. 행복이 돈이 많은 것과는 별개의 것이라는 사실을 새삼 깨닫게 해준다. 그러고 나면 우리는 높은 리스크를 감수할 용기를 얻는다. 당장 눈앞에 던져진 수익성 좋은 일을 '거절'하기가 쉬워진다. 우리는 부를 좇는 것보다 가난을 연습함으로써 더 큰 자유를 얻을 수 있다
>
> ─ 팀 페리스 지음, 《타이탄의 도구들》, p. 182~183, 토네이도 출판사.

물론 가난을 연습하기 위해 학교를 중퇴하고 거지가 될 필요도 없고, 일부로 대학 진학을 포기한다거나 취업을 포기하고 구걸이나 하면서 다닐 필요도 없다. 행복이 돈이 많은 것과 별개라고 해서 모든 돈을 주변 사람에게 나눠준다거나 직장을 그만두고 평생 어렵게 살 필요도 없다. 중요한 요점은, 우리가 생각했던 그 성적과 지금의 아이들이 생각하는 그 성적이 절대적인 행복의 기준이 될 수는 없다는 사실이다. 어느 것이 정답이라고 이야기하기는 어렵다. 다만 나는 행복의 기준을 바꾸는 것과, 그들을 올바르게 인도할 수 있는 마인드와 대화의 기술을 갖추는 게 중요하다고 생각한다.

행복의 기준이 마음에서 정확하게 정해지면 어떤 어려운 형편이나 문제가 찾아와도 항상 행복할 수 있다고 믿는다. 다만 그 행복의

기준이 제대로 정해지지 않으면 경제적으로 어렵고 가난하고 문제가 찾아오면 행복은 사라져버린다. 좋은 대학을 가거나 좋은 직장을 잡거나 사업이 원활하게 잘 풀려서 좋은 게 행복이라면 그 행복은 오래 유지될 수도 없고 언젠가 깨져버릴 수 있다.

나는 20대 중반에 행복의 기준을 마음에서 정한 적이 있었다. 그 기준은 경제적 자유도 아니고 물질적인 안정도 아닌 마음의 변화였다. 그 기준은 시간이 지나도 변하지 않는 마음의 변화였기 때문에 늘 일정한 상태로 유지될 수 있었다. 힘들고 어렵고 고통스러운 시간들이 존재하더라도 행복의 기준 자체는 변하지 않았다. 20대 후반이 되고 30대 초중반이 되어도 바뀌지 않는 기준 덕분에 항상 행복할 수 있었다. 그렇기 때문에 어렵고 힘든 일도 즐기는 마인드를 배울 수 있게 된 것이다.

교육을 하면서 나는 아이들에게 힘든 것은 참 좋은 것이라고 이야기한다. "힘든 거 좋은 거야, 힘든 공부 자꾸 하면 머리가 좋아지는 거야, 공부하면서 힘든 것도 즐겨봐" 하고 이야기하면 대부분 아이들은 아니라고 이야기하다가 나중에는 수긍을 한다. 어떤 경우에는 "네 선생님, 힘든 거 좋은 거예요." 하고 이야기하는 아이들도 있다.

행복의 기준이 마음에서 분명하게 정해지면 힘든 것도 도리어 즐거움으로 할 수 있고, 내 기분이 어떤가에 상관없이 살아갈 수 있다.

언젠가 초등학교 4학년 학생이 나에게 물었다.

"선생님은 왜 항상 기분이 좋아요?"

"내 기분이 좋고 나쁘고에 따라 너희들을 대하는 태도가 다르다면 잘못된 거야. 어리석은 사람은 기분이 나쁘면 그게 태도로 드러나. 자기 기분이 태도가 되어서 너희들에게도 그런 모습을 보이면 잘못된 거야. 교사는 그러면 안 돼. 교사는 내 기분과 상관없이 항상 똑같은 태도로 학생들을 대해야 돼. 잘못해서 혼낼 때 화를 내고 야단칠 수는 있겠지. 그렇다고 해서 기분이 태도가 되면 안 돼."

장난기 어린 얼굴로 쳐다보던 그 아이는 곰곰이 생각하다가 고개를 끄덕거렸다.

수업시간마다 장난을 치는 바람에 진도가 제대로 나가지 않던 어떤 남학생은 또래 친구들보다 수학 하나는 기가 막히게 잘하는 친구였다. 그 녀석은 나와 함께 수업을 한 지 6개월이 지난 어느 날 친구들에게 이렇게 이야기했다.

"이 선생님은 예스맨이야. 내가 잘해도 '잘했어.'라고 이야기하고 숙제를 하나도 안 해도 '잘했어.' 하고 이야기해. 그래서 선생님이 정말 편해."

평생을 가도 잊을 수 없는 그런 대화들 속에서 자만심으로 내 마음을 높일 필요는 없지만, 무엇이 중요한지에 대해 생각해볼 수 있는 귀한 기회는 제공해준다. 행복의 기준을 정하는 일과 마음의 중심을 잡아주는 일은 교사에게 있어 매우 중요한 역할 중 하나다.

성적은 중요하다. 좋은 대학과 좋은 직장도 중요하다. 그 순간을 놓치면 평생을 후회할지도 모르는 중요한 시기가 10대이므로 최선을 다해서 공부하고 배우고 노력할 필요가 있다. 그러나 그로 인한 결과가 행복을 결정짓는 이유는 되지 못한다는 걸 우리는 안다. 무엇보다 마음의 변화는 훨씬 더 중요한 가치이기 때문이다.

"한 글자라도 틀리면 세상이 무너진다는 마음으로 또박또박하게 읽어야 한다."

어떤 녀석은 피식 웃고 어떤 녀석은 무슨 말인가 고개를 갸우뚱거린다. 하지만 내 말을 듣고 또박또박 읽기 시작한 녀석들은 얼마 지나지 않아 굉장히 발전된 모습을 보여주었다.

모든 인생은 제대로만 된다면 모두 하나의 소설 감이라는 어니스트 헤밍웨이의 말처럼 짓궂은 장난꾸러기 아이들에게도 그들만의 아름다운 세계가 있다. 그 세계를 끄집어낼 수 있는 것이 우리가 해야 할 일이 아닐까 싶다.

chapter 6

가족이라는
이름의 교육

마음이 흐르는 사랑

    학교에서, 혹은 가정에서 공부를 잘하는 아이로 만드는 방법은 두 세 가지 정도 있지 않나 싶다. 호된 꾸짖음으로 마음을 늘 긴장된 상 태로 만들어 공부시키는 방법이 첫 번째, 마음을 따뜻하게 만들고 세 상의 이치와 흐름이 매우 아름답게 구성되어있다고 인식시키는 방법 이 두 번째, 혹은 그런 교육방식을 가진 사람들을 통해 스스로 변화 할 수 있게 만들어 주는 것이 세 번째가 될 수 있겠다.

    결국 학원에 보내라는 말이구만. 틀렸다. 학원은 지식을 가르치는 공간이자 영리를 추구하는 곳이다. 재미있게 해주고 공부만 잘 가르 치면 그만이다. 학생들과 트러블을 만들 필요도 없고, 그런 것에 관 심도 없는 곳이 학원이다. 지혜를 가르쳐주지는 않는다.
    "그 학원 선생님은 실력이 별로여서 잘 못 가르쳐."
    "애들이 거기에 가면 성적이 안 올라가."

이런 학원이 있다고 하자. 이 학원에서 성적이 오르지 않는다면, 교사가 문제일 가능성이 크다. 그러나 교사의 재량과 능력과는 별개로 성적이 오르지 않거나 공부에 흥미가 없다면 아이와 가정의 문제일 확률이 훨씬 높다. 성적이 오르고 공부에 흥미를 가지기 시작했다는 것은 마음이 안정되었다는 말과 같다. 평소에 재미없던 공부가 갑자기 엄청나게 재미있어져서 흥미를 가지는 경우는 없다. 아무리 재미있는 교사가 나와서 빵빵 웃게 만들고 유명한 대학을 나온 스타강사가 교육한다고 해도, 스스로 도전할 마음을 가지고 있지 않으면 성적은 오르지 않는다.

마음이 따뜻한 공간에서 자란 아이는 다르다. 똑같은 교육을 받았는데 한 아이는 막힘없이 공부를 잘 한다. 한 아이는 잘 못한다. 누구를 탓할 것인가?

집을 둘러보면서 책이 얼마나 있는지, 얼마나 가까운 곳에 어떤 책이 꽂혀 있는지 둘러보자. 그리고 그 책이 마음을 맑게 하는 책인지, 단순한 에세이집인지 확인해보자. 그리고 언제든지 손님을 맞이할 수 있을 정도로 따뜻한 공간인지, 내 아이가 마음에서 편안함을 느끼는 곳인지 한 번 느껴보자.

여자가 첫 아이를 출산할 때 그 고통이 너무 크지만, 오랜 진통 끝에 안게 되는 아이가 너무 사랑스러워서 두 번째 아이, 세 번째 아이도 가질 수 있는 마음이 생긴다고 한다. 생명을 잉태하는 기쁨과 행복은 어머니 외에는 누구도 가질 수 없는 행복일 것이다. 그렇게 아이가 태어났을 때, '그저 건강하게 자라주기만 하면 더 바랄 것이 없겠다' 하는 마음으로 하루하루를 행복 속에서 지낸다. 그러다가 어느 순간 '공부도 좀 잘했으면……' '누구보다는 앞서나갔으면……' 하고 생각하게 된다. 순전히 잘되기를 바라는 마음에서 시작된 작은 소망이 잘못된 교육을 만드는 경우도 많다. 그래서 마음으로 대화하는 방법을 배우는 것은 굉장한 소망을 품는 기회가 된다.

'마음에서 자식을 저버릴 수 있는 부모를 찾기란 어렵다.'
잘 아는 지인에게서 들은 이야기다. 부모가 자식을 사랑하는 마음은 결코 지식이나 이론으로 되는 게 아니기 때문이다. 그 사랑과 은혜는 자식이 부모가 되기 전에는 결코 알 수 없을 것이다.
그런 따뜻한 마음을 나누며 대화할 수 있는 방법을 배울 수 있다면 그보다 행복한 게 있을까 싶다. 아버지가 아들을 생각하고, 어머니가 딸을 생각하고, 또 그런 자녀들이 부모님을 생각하고 마음을 표현할 수 있다면 얼마나 행복할까? 마음을 따뜻하게 만드는 교육은 무엇보다 가정에서 먼저 시작하기 때문에, 가정에서 마음을 만드는 일을 먼저 시작해야 한다. 마음이 흐르는 가운데 소망을 전하는 가정에서는 어떤 문제가 찾아와도 쉽게 무너지지 않기 때문이다.

아버지라는 이름

초등학교 3학년 때 일이다. 매일 아침마다 수학 쪽지시험을 봤는데 내 점수는 항상 20점, 30점이었다. 최고의 점수는 80점이었던 것으로 기억한다. 그날 아버지가 온 가족을 데리고 외식하러 가자고 이야기하셨기 때문이다.

학교에서는 아침마다 사칙연산 쪽지시험을 쳤다. 그래서 아버지는 매일 퇴근하고 오시면 쪽지시험이 몇 점인지 제일 먼저 물어보셨다. 쪽지시험 점수가 낮으면 그날은 종일 아무것도 하지 못했다. 꿀밤을 때리는 아버지가 너무 두려웠기 때문이다.

하루는 쪽지시험 점수가 40점이 나왔다. '어제는 20점이었는데……' 안도의 한숨을 내쉬었다. 그날 저녁, 집에 돌아와서 밥을 먹고 방에 들어가는데 뒤따라오시던 아버지가 물으셨다.

"쪽지시험 몇 점 맞았노?"

"오늘은 40점. 그래도 어제보다는 높게……."

그 순간 아버지가 발로 엉덩이를 걷어찼고, 나는 뒤를 돌아서 아버지의 얼굴을 쳐다봤다.

그때 아버지의 표정을 잊을 수 없다.

직장생활에서의 스트레스와 피곤함, 하루하루 버텨나가는 고된 일상으로 인해 찾아오는 알 수 없는 불안과 미래에 대한 막막함, 그리고 하나밖에 없는 아들에 대한 실망감이 묘하게 뒤섞여 있는 표정이었다. '모쪼록 공부 잘해서 좋은 대학도 가고 좋은…….' 하지만 어린 나는 그저 '아빠 화났다'라고만 느꼈을 뿐이었다.

"만날 치는 그 시험을 또 40점을 받아오나? 학교에서 공부는 안하고 엉뚱한 생각만 하고!"

그날부터 아버지는 매일 저녁 수학을 가르쳐주셨다.

젊은 시절에 운동을 하신 분이었다. 이해가 잘 안 돼서 머리만 긁적거리는 나 때문에 화가 난 아버지는 격려와 칭찬, 위로보다는 꿀밤 때리기가 더 익숙하신 분이었다. 그러나 꿀밤보다 더 마음이 아팠던 것은, 아버지의 실망스러운 표정을 보는 것이었다. 초등학교 3학년이었지만, 매일 밤 울면서 잠들었던 기억이 생생하다.

0과 1 사이에는 무한에 가까운 수가 존재한다는 사실, 하나의 논제를 증명하기 위해 끊임없는 토론과 사실을 증명해야 하는 과정이 필요한 인문학적인 요소가 더 많이 부각되는 과목이라는 사실, 수학이라는 학문 자체가 학력, 학벌, 종교, 나이, 가치관의 세계를 뛰어넘어 사고력을 키워주는 데 그야말로 최고의 공부이며 자연법칙에서도 숱한 수학의 법칙이 존재한다는 것을 깨닫기까지는 오랜 시간이 필요했다. 성인이 되어 교육계에 직간접적으로 발을 담그기 전까지만 해도 수학은 아버지를 그토록 두려워하게 만든 지긋지긋한 학문에 불과했다.

고등학생이 되었다. 쪽지시험은 사라졌다. 수학에는 관심이 없던 내가 두각을 나타낸 과목은 국어와 영어였다. 평생 운동을 해 오신 아버지는 영어를 잘 모르셨고, 난해한 문법과 긴 장문의 글이 익숙지 않으셨다. 오늘은 무슨 핑계를 대면서 꿀밤을 피해볼까, 아침부터 밤까지 고민하던 시간은 씁쓸한 기억으로 사라져버렸고, 어느 덧 내 앞에는 '쉬운 영어 한 마디' 못하는 아버지가 남아 계셨다.

그 무렵 아버지는 양봉사업을 시작하셨다. 주말만 되면 농장으로 가서 채밀작업을 하셨다. 가끔 도움을 요청하실 때가 있었는데 그렇게 하기 싫었다. 더운 날씨에 땀은 비 오듯이 흐르고, 꿀을 한 방울이라도 덜 빼앗길 새라 양봉모자의 그물망을 뚫고 들어와서 침을 쏘아대는 벌 때문에 짜증스러웠다. 아버지는 벌에 쏘여 얼굴을 알아보지 못할 정도로 붓기도 하셨다. 어떤 날에는 밤늦은 시간까지 벌을 돌보기도 하셨고, 새벽에 일찍 일어나 둘러보시고 출근하신 적도 있었다. 땀에 젖은 채 아침식사를 하시는 아버지를 보면서 '왜 이렇게 고생스럽게 일을 하시는 걸까? 편한 일도 많을텐데……' 생각했다. 하지만 누나와 내가 대학을 졸업할 때쯤, 아버지는 양봉업을 정리하셨다.

나이가 들어서 부모님에 대해 누구나 가지고 있는 감사한 마음과 왠지 모를 찡한 마음은 은연중에 깔려 있었지만, 내 마음 깊은 곳 아버지는 무뚝뚝한 분, 무슨 말을 해도 가르치려고만 하는 분, 아버지는 내게 줄곧 그런 분으로 남아있었다.

'아버지도 마음이란 게 있을까?'

'아버지도 사랑이라는 감정이 있을까?'

내 머릿속은 줄곧 그런 생각들로 복잡해져 있어서, 나이가 들수록 아버지랑 짧은 대화를 하는 것조차도 어렵고 부담스럽게만 여겨졌던 것 같다.

그러던 어느 해 가을 저녁, 아버지에게서 전화가 왔다.

"아들 짜식, 밥은 먹었나?"

"예 아버지, 식사하셨어요? 퇴근하셨겠네요."

"그래, 집에 와 있다."

"그럼 혼자 계세요? 할머니는요?"

"그래. 경로당에 가셨는데 아직 안 오셨네."

잠시 이런저런 대화를 주고받은 뒤 전화를 끊으면서, 나는 분명한 사실을 하나 깨달았다. 그것은 어느 시대, 어느 국가를 막론하고 모든 인간에게 통용되는 불변의 법칙이었다. 그것은, 아버지는 외로울 때 아들에게 전화를 한다는 것이었다.

내가 초등학교 1학년 때 할아버지가 돌아가셨다.

지금 내 나이와 비슷한, 아버지가 34살 때 일이다.

지금도 그때의 장면을 기억하고 있다. 할아버지는 누워 계셨다. 주변 사람들의 하얀 옷차림, 이상하게 생긴 모자, 날 끌어안고 우시는 할머니. 나도 할머니를 따라 울면서 '이제는 할아버지를 볼 수 없구나.' 하는 마음이 들었다.

그때, 나는 아버지가 우시는 걸 봤다. 그건 분명히 우는 사람의 모습이었다. 어른도 감당할 수 없는 슬픔을 만나면 운다는 사실을 알았다. 아버지는 3일 동안 우셨다. 그리고 내가 어른이 될 때까지, 아버지가 우시는 모습을 본 것은 한 번밖에 없다. 그것도 거하게 약주를 드시고 온 어느 날, "아들 짜식, 아빠 마음도 모르고." 라고 하신 뒤, 아무도 모르게 훔치신 눈물이었다. 할아버지의 관 앞에 엎드려 3일을 우시던 아버지의 모습은, 오랜 시간이 지난 지금도 내 머릿속에 뚜렷하게 남아 있다.

아버지가 아버지를 잃은 나이 정도가 되었을 때, 나는 사업에서 실패했다. 그리고 힘든 시간을 보냈다. 누구는 어버이날 부모님께 외제차를 사드린다고 하고, 누구는 집을 선물해드린다고 하고, 누구는 명절에 부모님께 용돈을 두둑이 드린다고 했다.

나는 그러지 못했다. 싸구려 건강식품 하나 들고 가는 게 다였다. 아들 몰래 며느리에게 10만원이 든 봉투를 쥐어주시는 아버지를 보며 피가 거꾸로 솟았지만 줄곧 모른 척했다. 아버지는 그런 나에게 한 번도 실망하거나 속상한 내색을 하지 않으셨고, 전화를 끊을 때마다 "어깨 펴고 당당하게 다녀야 된다." 하고 말씀하셨다.

그 해 여름, 아버지가 같이 여름휴가를 가자고 하셨다.

부담스러웠다. 사업에는 진척이 없었다. 집 대출금과 차량 대출금도 몇 달치나 밀려 있어서 하루하루 피가 마르던 때였다. 리조트를 여기저기 알아봤지만 성수기라서 마땅한 곳도 없었다. 하지만 아버지는 그저 "같이 여름휴가 가자"는 제안 외엔 아무런 말씀도 하지 않으셨다. 대신 값비싼 리조트를 예약하셨고, 우리를 위해 모든 걸 준비해두셨다. 여름휴가를 떠난 강원도에서, 나는 간만에 잠다운 잠을 잘 수 있었다. 아버지가 내 곁에 살아계신다, 결혼을 하고 난 뒤 자주 느꼈던 마음이었다. 아버지와 함께 있으면 마음이 편안하고 안정이 되었다. 그렇게 행복할 수 없었다.

하지만 마음 한 켠에서는 편하지 않았다. 직접 모시고 와서 대접도 해드리고 운전도 해드려야 되는데, 모든 짐이 아버지에게 넘어갔다. 마음이 무거웠다. 재미있게 놀면서도 마음은 무거워서 혼자 속상해하고 있는데, 눈치를 채신 아버지가 나중에 조용히 이야기하셨다.

"아들은 표정이 안 좋은데, 별로 재미가 없나? 재밌게 놀면 되는데, 표정이 왜 어둡노?"

"부모님이랑 오니까 좋지요. 그래도 좀 성공해서 아버지랑 엄마 모시고 와야 되는데, 아직 일이 잘 안 풀리네요."

"괜찮다 아들아. 이런 곳에는 돈 쓰러 오는 거야. 먹고 즐기려고 오는 곳인데 아버지가 있잖아. 걱정하지 마. 우리 마음 편하게 먹고 즐기자."

아버지 입에서 나온 말씀, "먹고 즐기자." 성경 속에서 아버지를 떠나 먼 나라에 갔다가 전 재산을 탕진한 뒤 자신의 부족함을 깨닫고 아버지에게 돌아온 탕자. 그 아들을 향해 아버지가 하신 말씀도

"내 아들을 위해 살진 송아지를 잡으라! 우리가 먹고 즐기자!"였다.

"아들아, 우리 마음 편하게 먹고 즐기자." 그것은 아버지의 마음을 가장 잘 표현한 말씀이었다.

할아버지가 돌아가시던 아버지의 당시 나이는 지금 내 나이와 비슷하다. 아버지는 은퇴하셨고, 이젠 기억조차 희미한 할아버지의 연세와 비슷한 나이가 되셨다. 어느 순간부터, 나는 조금씩 아버지의 마음을 발견하곤 했다. 살면서 종종 만나게 되는, 존경스럽다고 느껴지는 사람들에게서 들을 수 있는 마음의 이야기들이 아버지를 통해서 들려질 때마다, 아버지에 대한 사랑과 존경이 커지는 것을 느낀다. 아버지에게도 깊은 마음의 세계가 있었고 나를 향한 깊은 사랑을 가지고 계셨다. 단지 내가 발견하지 못했을 뿐이다.

어린 시절, 교육에 대한 아버지의 관점이 옳고 그르다고 판단하기엔 아버지의 사랑이 너무 크고 깊었다. 교육의 힘은 다른 데 있지 않다. 아버지의 마음은 가장 숭고한 형태의 교육이라고 할 수 있다.

언젠가 아버지에게 "아버지의 인생을 존경합니다" 하고 문자를 보냈다. 잠시 후 답장이 왔다.

"고맙다, 아들 짜식."

아버지의 마음, 아버지의 뜨거운 사랑, 그 사랑을 느낄 수 있을 때 가장 순수하고 아름다운 교육이 시작될 것이라 믿는다.

내가 몰랐던 엄마의 마음

내가 어릴 때 엄마는 엄마였다. 그때부터 줄곧 엄마였다. 그때 엄마는 지금도 엄마, 앞으로도 엄마, 영원히 엄마다. 그리고 볶은 머리, 늘 입는 바지, 늘 똑같은 옷차림의 엄마였다. 공무원을 준비하시던 아버지가 집에서 코흘리개 누나와 나에게 가가거겨고교를 가르치실 때 엄마는 미용사 준비를 하셨다. 코흘리개 누나와 내가 자고 있을 때 옆에 누워서 "엄마 미용사 한다 딸, 아들." 하고 속삭이신 게 기억난다. 잠결인데도 어찌 그리 잘 기억하는지…… 그리고 얼마 지나지 않아 동네에서 미용실을 차리셨고, 아버지도 오래 지나지 않아 공무원이 되셨다. 엄마는 미용을 30년째 하고 계시고, 아버지도 공무원을 30년째 하고 계신다. 그래서 엄마는, 내가 태어날 때부터 엄마였다.

한 번도 엄마가 엄마가 아니라고 생각해본 적이 없었다. 내가 눈을 뜨면, 엄마는 항상 거기에 있었다. 물론 그 모습은 늘 달랐다. 약간은 부스스한 머리로 밥을 하는 엄마, 잔소리하는 엄마, 미용사로서의 엄마, 아버지의 아내로서의 엄마, 손님들에게는 '새댁 미용사'로서의 엄마 등등 이름이 여러 가지였다. 그리고 엄마는 늘 돈이 있었다. 내가 초등학교에 들어가서 공부할 때 엄마는 늘 용돈을 주셨다. 많은 돈은 아니었지만 6학년쯤 되었을 때는 하루에 500원 용돈을 받았고, 그 돈을 열심히 모아서 주말에 닭꼬치를 사먹었다.

나이가 들어서 대학에 들어가고, 군대에 입대할 때 엄마는 한 번씩 눈물을 보이실 때가 있었다. 아들 100일 휴가 나오면 보자, 하고 까까머리 아들의 머리를 쓰다듬으며 눈물을 흘리시던 엄마의 모습. 그리고 아프리카로 해외봉사를 갈 때 손을 꼭 잡고 눈물을 흘리시던 모습. 나도 눈물이 흘렀지만 마음속으로는 '엄마는 아빠랑은 다르네, 아빠는 안 우는데.' 하고 생각했었다. 엄마는 줄곧 엄마라고만 생각했다.

가만히 생각해보니, 내가 어릴 때 본 엄마의 얼굴은 꽤 미인이었다. 얼굴이 조막만하고 오밀조밀하게 예쁘게 생긴 내 아내는 화장을 지워도 화장할 때와 별로 차이가 나지 않는 미인형 얼굴인데, 아내가 종종 하는 포니테일은 볼 때마다 매력적이어서 포니테일을 한 아내의 모습을 볼 때마다 안아주고 싶다.

우리 엄마도 포니테일을 한 사진이 있었다. 1990년 봄 어느 날, 안동댐 근처 개나리가 피어 있는 유원지 벤치에 아버지와 누나와 함께 앉아서 따뜻한 봄기운을 느끼며 마른 오징어를 뜯고 있는 엄마의 사진이 오래된 앨범 속에 있는 것을 봤다. 볼 때마다 '엄마도 참 미인이었구나.' 하는 생각이 들었는데, 지금은 엄마가 그렇게 예뻐하시는 며느리도 생겼고, 할머니 소리를 들을 때도 되었다. 오랜 시간이 흘렀다.

    교육계에서 근무하기 전 일반 무역회사에서 근무했었다. 회식을 하던 어느 날, 성격이 시원시원하고 속이 깊어서 자주 마음을 터놓고 이야기하던 여성부장님이 딸이랑 전화 통화하는 내용을 들었다.

    "어 그래 딸, 밥은 먹었어? 응응, 엄마는 인제 마치고 퇴근하는데 회사 과장님이랑 잠깐 미팅이 있어서. 별건 아니고 회사 일 때문에. 아, 그래? 그래 잘 돼야지. 그래 딸, 학원 마칠 때 전화해. 기분은 좀 어때? 별로야? 아, 시간 지나면 좀 나아질 거야, 엄마가 이따 집에 가면 맛있는 거 해줄게. 응응, 그래 응."

    전화를 끊고 이야기를 하는데, 부장님이 질문을 했다.

    "전 과장님, 전에 대안학교 선생님이었다면서요. 나는 딸 마음을 잘 모르겠어. 이제 대학 2학년이 돼서 스물 한 살인데, 얘가 어떨 때는 기분 좋고, 어떨 때는 우울해서 막 그러고. 딸은 엄마에 대해서 어떻게 생각해요? 그거 있잖아, 그 뭐야, 교사의 관점에서, 거기서 좀 이야기해줘봐."

    나는 짧게 대답해드렸다.

    "자식 마음이 다 똑같죠. 엄마는 절대 상처받지 않는 사람, 엄마는 슈퍼우먼, 엄마는 원더우먼, 언제든지 용돈 달라 하면 천 원짜리 몇 장은 늘 준비되어 있는 사람, 세상에 어떤 어려움이 있어도 절대 넘어지지 않는 사람, 자식 입장에선 그게 엄마죠. 그거에요."

"그런가? 흠······"

　사실 엄마도 서투른 존재다. 엄마는 엄마로서의 역할을 담당하고
있지만, 사실은 여자이기 때문이다. 엄마는 엄마 역할이 처음이다. 엄
마가 처음부터 엄마는 아니었다. 엄마도 누군가에게 딸이었고, 누군
가에게 사랑스런 여자친구였고, 누군가에겐 학생이었으며, 직장 동
료였던 거다. 단지 나에게만 엄마일 뿐, 엄마도 지극히 연약한 여자
다. 몰랐던 건 아니다. 그러나 나도 한 여자의 남편으로 살면서, 내게
아내가 되어준 여자의 삶을 보면서 여자가 아내가 되고, 엄마가 되어
간다는 사실을 자연스럽게 깨닫게 되고, 그런 생각이 서서히 스며드
는 것을 느꼈다. '엄마도 여자였구나, 나를 사랑하는 엄마지만 사실
은 연약한 여자였구나.' 하는 사실을 깨달은 것이 오랜 시간이 지난
이후의 어느 날이었던 것이다.

　가수 김진호 씨의 〈가족사진〉이라는 노래는 엄마 아버지가 그리울
때 자주 듣는 노래다. 유튜브에서 가족사진을 부르는 김진호 씨의 노
래를 듣다 보면 "아빠는 아빠의 역할을 충분히 해주셨고, 엄마는 엄
마의 역할을 충분히 해주셨다."는 마음이 자주 든다.

　(···중략···)
　어른이 되어서 현실에 던져진
　나는 철이 없는 아들이 되어서
　이곳 저곳에서 깨지고 또 일어서다

외로운 어느 날 꺼내본 사진 속

아빠를 닮아 있네

(…중략…)

가족사진 속에 미소 띤 젊은 우리 엄마

꽃피던 시절은 나에게 다시 돌아와서

나를 꽃 피우기 위해 거름이 되어버렸던

그을린 그 시간들을 내가 깨끗이 모아서

당신의 웃음꽃 피우길

피우길

피우길

(…중략…)

수학을 이야기하는 아버지가 아닌, 공부를 이야기하는 엄마가 아닌, 그저 아버지가 아버지였을 때, 나는 가장 평안함을 느꼈다. 엄마가 엄마로 있을 때, 나는 가장 큰 행복함을 느꼈다.

아버지, 그리고 엄마. 가족이라는 존재 가치만으로도 나는 내가 살아야 할 의미가 있음을 느끼고, 비로소 생명으로서의 고귀한 가치가 있다는 것도 느낀다. 아버지, 그리고 엄마의 마음을 발견하면서부터 어떤 인생을 살아야 할 것인지, 어떤 인간으로 살아야 할 것인지에 대한 해답을 찾을 수 있게 된다. 여자로서, 엄마로서, 엄마는 언제나 내게 엄마다. 아버지도 내게 늘 아버지다. 그리고 그 가치는 결코 변하지 않는다.

아침에 출근해서 미팅을 하고 휴대폰을 봤는데 모르는 번호로 전화가 들어와 있었다. 02나 070으로 시작하는 번호가 아니라 010으로 시작하는 일반전화였다.

'와이프가 또 주차를 잘못했나……' 생각하며 전화를 걸었는데 어떤 여자분의 음성이 들려왔다.

"전준우 선생님 되시죠? 바이북스 출판사입니다. 원고 보내주셨더라구요."

"아, 예……."

그 뒤로는 잘 기억이 나지 않는다. 인세가 어떻고, 출판일이 어떻고…… 하는 이야기들을 들으면서 어릴 때부터 바라던 작가의 꿈이 실현되는구나, 하는 생각이 들었다. 내 이야기가 아닌 다른 사람의 이야기인 듯, 그런 사람들의 이야기 속에 내가 서 있는 듯한 기분이 들었다. 책은 정말 특별한 사람들만이 쓰는 그런 것, 나는 절대 범접할 수 없는 세계라고 생각했고 출판사에서 연락이 올 것이라고는 정말 기대조차 할 수 없었다. 그저 '올해 안에는 3권 정도 책을 출간하긴 해야 되는데……' 하는 막연한, 그야말로 막연한 기대만 하고 있었을 뿐이었다.

요즘은 다양한 방면에서 책을 출판할 수 있고 한 사람 건너 한 사람이 책을 내는 세상이다. 서점에 가면 엄청나게 많은 책들이 출판되어 나오고 나보다 뛰어나고 글 잘 쓰는, 그야말로 대단한 사람들의 이야기가 신간서적 코너에 산더미처럼 쌓여 있다. 그러므로 나 하나 책을 출간한다고 해서 개인적인 기쁨과 주변인들의 축하 정도 이외에 별다른 성과를 기대하는 건 무의미하다.

그리고 나이 서른 중반이 되어서 첫 책이 나온다는 것은 나보다 훨씬 젊은 나이에 작가의 반열에 오른 사람들이나 각자의 위치에서 어느 정도 성공의 위치에 오른 사람들보다 내 역량이 훨씬 부족한 사람이라는 증거이며, 그만큼 스스로를 강하게 채찍질하지 못했다는 반증이기도 하다. 어쩌면 더 부족함을 느끼고 노력해야 하는 필요성을 느끼는 나이라고 할 수 있겠다. 그럼에도 기쁨을 감출 수 없는 것은, 세상에 내 이름으로 된 책이 한 권 출간되는 것 자체가 나를 알리는 것이 되며, 분량이 어떠하든지 간에 오랜 시간 진득이 앉아서 타자를 두들기고 어줍지 않은 내용들을 뜯어 고치는 등의 고되고 힘든 작업을 꾸준히 해왔고 그에 대한 결과물을 내놓는다는 점에서 이의가 있다. 인세나 베스트셀러 같은 건 나중 이야기다.

책은 어릴 때부터 좋아했다. 글쓰기에 약간은 소질도 있었다. 초등학교 6학년 때 선생님이 '편지를 너무 잘 써서 놀랐다.'고 이야기하실 정도였으니까.

중학교에 다닐 때는 공부를 워낙 못해서 실업계 고등학교에 갈 뻔했다. 그러다가 중학교 3학년 때 전교생을 대상으로 교내 논술시험을 쳤는데 전교에서 1등을 했고, 덕분에 턱걸이로 인문계 고등학교에 들어갔다. 어릴 때부터 꿈은 국어선생님, 작가, 시인이었다.

하지만 꿈이 없던 10대를 보내면서 성적에 맞춰서 대학을 갔고, 그냥 그런 20대 초반을 보냈다. 아프리카에 다녀오고 난 뒤에는 책을 쓴다는 생각조차도 안 해봤고, 어른이라고 하기에도 애매한 30살에 결혼을 했다. 아내는 경찰을 준비하던 여자였고 해외봉사단 후배였다. 그리고 이듬해부터 나는 책을 쓰기 시작했다

그러고 보니 책을 써서 출간하고 싶다고 생각한 지 딱 5년 만에 첫 책이 나온다. 2014년 봄, 결혼하고 얼마 되지 않아서 나는 책을 출간하고 싶다는 꿈을 가졌다. "성공한 사람들의 공통점은 모두 책을 썼다는 것입니다."라고 이야기한 지인 때문에 언젠가는 책을 써야지 하고 생각했다. 결혼하고 나서 이제는 슬슬 책을 써서 출간해봐야겠다, 하고 마음을 정하고 무작정 쓰기 시작했다. 회사를 마치고 집에 와서 주구장창 원고를 쓰고, 주말에도 서재에 틀어박혀서 원고를 썼다. 그렇게 매일 쓰다가 눈알이 빠질 뻔한 경험도 제법 했었다. 수없이 문장을 썼다가 지웠다가…… 그러다가 괜찮은 아이디어가 떠오른다든지, 어디 좋은 구절 없나 하고 이 책 저 책 뒤적거리다가 마음에 딱 와닿는 문장을 발견해내고 희열을 느끼던 순간도 있었다.

하지만 오래 가지 않아서 포기했다. 꾸준히 썼더라면…… 하는 아쉬움이 크지만 당시에는 어떻게 글을 써야 하는지 몰랐다. 하루에 3, 4시간씩 열심히 썼지만 내용 자체가 너무 부실했고, 무엇보다 책을 쓰는 게 그렇게 힘든 과정을 겪어야 하는 것인지도 몰랐다. 서점에 빽빽하게 출간되어 있는 수많은 책들은, '그 힘든 과정'을 거쳐간 사람들의 시간들, 그 시간들의 압축이라는 것을 그때 처음 알았다. 그분들의 그런 노고, 수고로움의 과정을 나도 대강이나마 거치고 나서야 책이라는 것을 출간할 용기가 생긴 것이다.

미국의 칼럼니스트 월터 W. 레스 스미스는 글을 쓰는 것이 쉽다고 했다. 백지만 앞에 내려놓고 응시하다 보면 글이 써진다고 했다. 맞는 말이다. 백지를 보고 있으면 글이 써지는 법이다. 이마에 핏방울이 맺힐 때까지 말이다.

내가 책을 쓰지 않던 몇 년 사이에 수많은 책들이 출판되었다. 모르는 얼굴들이지만 어떤 사람은 매일 조금씩이나마 글을 썼을 것이고, 다양한 루트를 통해 책을 출판했을 것이다. 출판 후에 여기저기 강의를 다니는 등, 내가 '하고 싶었지만 하지 못한 일들'을 하고 있는 사람들도 분명히 있을 것이다. 그분들은(물론 나보다 훨씬 나은 사람들은 맞지만) 흔히 생각하는 대단한 사람들이 아니라, 이마에 피가 맺히는 작업을 꾸준히 해온 사람들이었으리라.

서점에 출간되는 모든 책의 내용들이 다 좋은 건 아니겠지만, 대부분의 책들이 재미있고 감동적이며 좋은 내용들로 가득한 것도 사실이다. 그렇지 않고서야 꾸준히 책을 쓰고 출간하는 것 자체가 무의미하게 느껴질 수 있기 때문이다.

글이 쉽게 써지는 이유는 두세 가지 정도 될 듯싶다.

쉬운 글만 썼거나, 쉽다고 생각하거나, 여러 번 피가 맺혀봤거나. 모두가 정답일 수 있다. 중요한 것은, 글은 사람의 마음을 움직여야 한다는 것이다.

서점에 빽빽하게 쏟아져 나오는 많은 책들 중에 마음을 울리는, 한 사람의 인생을 변화시킬 수 있는 책이 얼마나 있을까 생각해본다. 나보다 나은 사람들이 쓴 수많은 책들이지만, 인생을 바꿀 만한 책이다, 하고 자랑스럽게 이야기할 수 있는 경험은 드물다. 다분히 나의 식견이 좁아서 그렇겠지만, 《레미제라블》이나 《햄릿》과 같은 위대한 글이 출간되기에는 세상이 너무 빠르게 돌아가고 있는 것도 사실이다. 좋은 글과 좋은 글을 쓰는 사람들이 많아졌으면, 하는 바람이다. 나부터 많은 도움을 입게 될 것이다.

교육계에 종사하다 보니 아이들에게 책을 읽어주거나 읽을 수 있도록 지도해줄 때가 많다. 내가 아이들에게 책을 읽어주거나 아이들이 읽기를 권할 때 자주 하는 이야기가 있다.

"한 글자라도 틀리면 세상이 무너진다는 마음으로 또박또박하게 읽어야 한다."

어떤 녀석은 피식 웃고 어떤 녀석은 무슨 말인가 고개를 갸우뚱거린다. 하지만 내 말을 듣고 또박또박 읽기 시작한 녀석들은 얼마 지나지 않아 굉장히 발전된 모습을 보여주었다.

'모든 인생은 제대로만 된다면 모두 하나의 소설감'이라는 어니스트 헤밍웨이의 말처럼 짓궂은 장난꾸러기 아이들에게도 그들만의 아름다운 세계가 있다. 그 세계를 끄집어낼 수 있는 것이 우리가 해야 할 일이 아닐까 싶다.